Philosophie des Geistes zur Einführung

W0287498

Jasper Liptow

Philosophie des Geistes zur Einführung

JUNIUS

Wissenschaftlicher Beirat
Michael Hagner, Zürich
Ina Kerner, Berlin
Dieter Thomä, St. Gallen

Junius Verlag GmbH
Stresemannstraße 375
22761 Hamburg
www.junius-verlag.de

© 2013 by Junius Verlag GmbH
Alle Rechte vorbehalten
Umschlaggestaltung: Florian Zietz
Titelbild: Paul Klee, Einer der versteht
Satz: Junius Verlag GmbH
Printed in the EU 2013
ISBN 978-3-88506-072-7

Bibliografische Information der Deutschen Nationalbibliothek
Die Deutsche Nationalbibliothek verzeichnet diese Publikation in der Deutschen Nationalbibliografie; detaillierte bibliografische Daten sind im Internet über http://dnb.d-nb.de abrufbar.

Zur Einführung ...

... hat diese Taschenbuchreihe seit ihrer Gründung 1977 gedient. Zunächst als sozialistische Initiative gestartet, die philosophisches Wissen allgemein zugänglich machen und so den Marsch durch die Institutionen theoretisch ausrüsten sollte, wurden die Bände in den achtziger Jahren zu einem verlässlichen Leitfaden durch das Labyrinth der neuen Unübersichtlichkeit. Mit der Kombination von Wissensvermittlung und kritischer Analyse haben die Junius-Bände stilbildend gewirkt.

Seit den neunziger Jahren reformierten sich Teile der Geisteswissenschaften als Kulturwissenschaften und brachten neue Fächer und Schwerpunkte wie Medienwissenschaften, Wissenschaftsgeschichte oder Bildwissenschaften hervor. Auch im Verhältnis zu den Naturwissenschaften sahen sich die traditionellen Kernfächer der Geisteswissenschaften neuen Herausforderungen ausgesetzt. Diesen Veränderungen trug eine Neuausrichtung der Junius-Reihe Rechnung, die seit 2003 von der verstorbenen Cornelia Vismann und zwei der Unterzeichnenden (M.H. und D.T.) verantwortet wurde.

Ein Jahrzehnt später erweisen sich die Kulturwissenschaften eher als notwendige Erweiterung denn als Neubegründung der Geisteswissenschaften. In den Fokus sind neue, nicht zuletzt politik- und sozialwissenschaftliche Fragen gerückt, die sich produktiv mit den geistes- und kulturwissenschaftlichen Problemstellungen vermengt haben. So scheint eine erneute Inventur der Reihe sinnvoll, deren Aufgabe unverändert darin besteht, kompetent und anschaulich zu vermitteln, was kritisches Denken und Forschen jenseits naturwissenschaftlicher Zugänge heute zu leisten vermag.

Zur Einführung ist für Leute geschrieben, denen daran gelegen ist, sich über bekannte und manchmal weniger bekannte Autor(inn)en und Themen zu orientieren. Sie wollen klassische Fragen in neuem Licht und neue Forschungsfelder in gültiger Form dargestellt sehen.

Zur Einführung ist von Leuten geschrieben, die nicht nur einen souveränen Überblick geben, sondern ihren eigenen Standpunkt markieren. Vermittlung heißt nicht Verwässerung, Repräsentativität nicht Vollständigkeit. Die Autorinnen und Autoren der Reihe haben eine eigene Perspektive auf ihren Gegenstand, und ihre Handschrift ist in den einzelnen Bänden deutlich erkennbar.

Zur Einführung ist in der Hinsicht traditionell, dass es den Stärken des gedruckten Buchs – die Darstellung baut auf Übersichtlichkeit, Sorgfalt und reflexive Distanz, das Medium auf Handhabbarkeit und Haltbarkeit – auch in Zeiten liquider Netzpublikationen vertraut.

Zur Einführung bleibt seinem ursprünglichen Konzept treu, indem es die Zirkulation von Ideen, Erkenntnissen und Wissen befördert.

Michael Hagner
Ina Kerner
Dieter Thomä

Inhalt

1. Einleitung: Die Philosophie und das Mentale

Was ist Philosophie des Geistes? Eine kurze Antwort lautet: Die Untersuchung des Geistes durch die Philosophie. Nun ist diese Antwort sicherlich nicht falsch, aber sie ist offenbar wenig hilfreich und eventuell sogar irreführend. Wenig hilfreich ist sie, weil sie voraussetzt, dass wir wissen, was eine philosophische Untersuchung ist und was unter »dem Geist« als Gegenstand dieser Untersuchung zu verstehen ist. Sie ist eventuell irreführend, weil sie suggerieren könnte, dass es so etwas wie »den Geist« im Sinne eines einzelnen Gegenstands einer besonderen Art – etwa die *Seele* der christlich-platonischen Tradition – gibt, oder so etwas wie »die Methode der Philosophie« im Sinne einer wohlbestimmten, allgemein praktizierten Form der Forschung. Dass es so etwas gibt, darf aber in beiden Fällen bezweifelt werden und ist sicherlich keine Voraussetzung für die Existenz der Philosophie des Geistes.

Wenn heute über irgendetwas weitgehende Einigkeit in der Philosophie herrscht, dann darüber, dass die Rede von »dem Geist« eines Wesens sich nicht auf einen *einzelnen Gegenstand* bezieht, den dieses Wesen sein Eigen nennt oder der ein Teil von ihm oder auf eine besondere Weise mit ihm verbunden ist. Dass ein Wesen »einen Geist besitzt«, bedeutet vielmehr, dass ihm bestimmte Arten von Ereignissen, Prozessen, Zuständen, Fähigkeiten und Dispositionen zugeschrieben werden können: dass es etwa Intelligenz besitzt, fühlt, Absichten hat, denkt, wahrnimmt oder empfindet. »Der Geist« ist zunächst nichts anderes als ein Name für den Gegenstandsbereich, der von diesen Arten von ›Dingen‹ gebildet wird und den wir etwas weniger missverständlich auch als »das Mentale« bezeichnen können. Wir können das Interesse der Philosophie am Mentalen daher zunächst durch eine Vielzahl verschiedener Fragen zum Ausdruck bringen: Was sind eigentlich Gedanken, und was heißt es, Gedanken zu haben? Was sind eigentlich sinnliche Wahrnehmungen, und was heißt es, etwas wahrzunehmen? Und so weiter für alle anderen Arten des Mentalen. Aber selbst, wenn wir der Auffassung sind, dass diesen vielen Fragen letztlich eine einzige Frage zugrunde liegt, können wir diese Frage immer noch formulieren, ohne von »dem Geist« als einem einzelnen Gegenstand zu reden. Sie lautet etwa: Was ist es, dass einige Zustände, Ereignisse usw. zu *mentalen* Zuständen, Ereignissen usw. macht, und was heißt es, ein Wesen mit mentalen Zuständen, Ereignissen usw. zu sein?[1] Dass ein Wesen, um in diesem Sinn ein geistiges Wesen zu sein – um mentale Ereignisse, Zustände usw. haben zu können –, einen Geist im Sinne eines einzelnen Gegenstands sein Eigen nennen muss, wird dann als eine riskante These erkennbar, die im Rahmen einer philosophischen Erklärung des Mentalen zu erläutern und zu begründen wäre.

In ähnlicher Weise ist die Rede von »der Methode der Philosophie« irreführend. Auch sie könnte die Existenz von etwas suggerieren, das es tatsächlich nicht gibt: eine von anderen – insbesondere empirischen – Forschungsmethoden prinzipiell unterschiedene, allgemein anerkannte und praktizierte Form der philosophischen Forschung. Aber ebenso wenig wie die Nichtexistenz »des Geistes« bedeutet, dass die Philosophie des Geistes keinen Gegenstand hat, bedeutet die Nichtexistenz »der Methode der Philosophie«, dass man die Philosophie des Geistes nicht relativ zuverlässig von anderen Formen der Erforschung des Mentalen, wie etwa der Psychologie, unterscheiden kann.

Die Erläuterung zentraler Aspekte der Bedeutung unserer Rede vom Mentalen ist der Gegenstand dieser gesamten Einführung. Dieses einleitende Kapitel möchte ich dafür nutzen, wichtige Unterschiede zwischen einer philosophischen im Gegensatz zu einer empirisch-wissenschaftlichen Untersuchung des Mentalen herauszustreichen.

1.1 Die Methode der Philosophie

Was unterscheidet die Philosophie des Geistes von allen anderen Arten der Untersuchung des Mentalen, insbesondere von einer *empirischen* Untersuchung des Mentalen und damit von der Psychologie? Auf diese Frage eine unkontroverse Antwort zu geben ist kaum möglich. Denn von der Philosophie gilt, was Adorno einmal von der Kunst sagte: dass es zur Selbstverständlichkeit wurde, dass nichts, was sie betrifft, mehr selbstverständlich ist.[2] Dies ist auch gar nicht der Ort, um zu versuchen, die Frage nach der Methode der Philosophie allgemein zu beantworten, denn diese Frage stellt sich im Zusammenhang mit der Erforschung des Mentalen nicht in einer prinzipiell anderen Weise als im Zusammenhang mit der Erforschung anderer Bereiche, und dies ist eine Einführung in die Philosophie des Geistes und nicht in die Philosophie der Philosophie.[3] Da ich aber hoffe, dass diese Einführung auch Leserinnen und Leser findet, die sich für das Mentale interessieren, ohne bereits auf die eine oder andere Weise eingehender mit der Philosophie vertraut zu sein, möchte ich einige grundlegende Hinweise in dieser Sache geben. (Wer glaubt, ohne diese Hinweise auszukommen, kann den Rest dieses Abschnitts überspringen.)

Seitdem sich die moderne empirische Wissenschaft in der Neuzeit als eine Forschungsmethode eigener Art von der Philosophie emanzipiert hat, stellt sich der Philosophie mit zunehmender Dringlichkeit die Frage nach ihrem Verhältnis zu diesem Unternehmen. Anders als andere Formen nicht-empirischer Forschung, wie Logik und Mathematik, kann die Philosophie keinen eigenen Gegenstandsbereich für sich reklamieren. Was immer sie untersucht – von den grundlegenden Strukturen dessen, was es überhaupt gibt, bis hin zu den Merkmalen menschlicher Sprache oder der Funktion der Kunst –, stets teilt sie sich ihren Gegenstand mit empirisch-wissenschaftlicher Forschung – etwa der Kosmologie, der Linguistik oder der Kunstwissenschaft. Das gilt auch für die Philosophie des Geistes, die denselben Gegenstandsbereich besitzt wie die empirische Psychologie, deren Emanzipation von der Philosophie in die zweite Hälfte des 19. Jahrhunderts fällt. Das wäre kein Problem, wenn die Philosophie nicht den Anspruch hätte, genauso wie die empirisch-wissenschaftliche Forschung einen eigenständigen Beitrag zu unserem Wissen über die Welt zu liefern. Nun lässt sich zwar mit guten Gründen bestreiten, dass der Anspruch auf Erkenntnis der einzige legitime Anspruch philosophischer Arbeit ist.[4] Stimmen aber, die leugnen, dass die Idee philosophischer Erkenntnis *als solche* verfehlt ist, lassen sich heute nur noch vereinzelt vernehmen.[5] Wie aber unterscheidet sich dann die philosophische von der empirisch-wissenschaftlichen Untersuchung eines bestimmten Gegenstandsbereichs – in unserem Fall des Mentalen?

Antworten auf diese Frage lassen sich in zwei Klassen einteilen: in diejenigen, die behaupten, dass die beiden Unternehmungen sich *prinzipiell* unterscheiden, und diejenigen, die behaupten, dass alle Unterschiede zwischen den beiden Unternehmungen letztlich *gradueller* Natur sind. Überlegen wir zunächst, auf welche Weise ein prinzipieller Unterschied zwischen zwei Praktiken der Gewinnung von Wissen über denselben Gegenstandsbereich geltend gemacht werden könnte. Hier scheint es vor allem folgende Möglichkeiten zu geben: Man könnte *erstens* behaupten, dass das jeweilige Wissen sich hinsichtlich seines *modalen Status* unterscheidet – empirische Forschung liefert vielleicht nur *kontingente* Wahrheiten, philosophische Forschung hingegen *notwendige* Wahrheiten. Man könnte *zweitens* die These zu vertreten versuchen, dass der Unterschied bei genauerem Hinsehen letztlich *doch* wieder einer des *Gegenstandsbereichs* ist – das empirische Wissen handelt unmittelbar von der *Welt*, während das philosophische Wissen vielleicht unmittelbar nur von den *Begriffen* handelt, mit denen wir die entsprechenden Aspekte der Welt erfassen, und nur mittelbar von den Dingen, die unter diese Begriffe fallen, selbst. Man kann *drittens* behaupten, dass der entscheidende Unterschied in der *Art der Begründung* des jeweiligen Wissens besteht – die Begründung empirischen Wissens hängt sicherlich von Beobachtungen und Experimenten und damit von der sinnlichen Erfahrung ab (es handelt sich um Wissen *a posteriori*), die des philosophischen Wissens ist vielleicht erfahrungsunabhängig (es handelt sich um Wissen *a priori*). Und man kann schließlich *viertens* behaupten, dass der entscheidende Unterschied in der *Art der Belege* besteht, auf die sich das Wissen stützt – empirisches Wissen stützt sich wohl immer auf *Erfahrungen*, philosophisches Wissen dagegen vielleicht auf eine besondere Art von *Intuitionen*, wie sie sich vielleicht durch Gedankenexperimente ermitteln lassen.

Versuche, eine prinzipielle Autonomie des philosophischen Wissens geltend zu machen, haben in den letzten Jahrzehnten zwar wieder etwas an Fahrt aufgenommen, es hat sich aber gezeigt, dass sie mit notorischen Problemen behaftet sind. So hat sich etwa inzwischen weitgehend die Meinung durchgesetzt, dass das naturwissenschaftliche Wissen selbst zumindest teilweise ein Wissen von *notwendigen* Wahrheiten ist[6] und sich philosophisches Wissen daher nicht ohne Weiteres durch seinen modalen Status abgrenzen lässt. Auch ist es schwierig zu verstehen, wie ein Wissen, das unmittelbar nur von Begriffen handelt oder das hinsichtlich seiner Begründung von der sinnlichen Erfahrung in einem starken Sinn unabhängig ist, dennoch ein Wissen *über* die konkrete, sinnlich erfahrbare Welt sein kann.[7] Und schließlich ist es höchst umstritten, ob es Intuitionen im Sinne von prinzipiell von unseren gewöhnlichen empirischen Überzeugungen verschiedene Belege für ein Wissen von der Welt überhaupt gibt und wie sie, wenn es sie gibt, Belege für ein Wissen über die erfahrbare Welt sein können.[8]

Ich hatte bereits gesagt, dass dies nicht der Ort ist, um die Frage nach der prinzipiellen Autonomie philosophischer Erkenntnis zu diskutieren. Auch ohne eine solche Diskussion aber sollte deutlich geworden sein, dass die Annahme eines prinzipiellen Unterschieds zwischen philosophischer und empirischer Erkenntnis eine Reihe von umstrittenen begrifflichen Unterscheidungen und substanziellen Thesen zu rechtfertigen hat. Insofern ist es auf jeden Fall methodisch heikel, die Ergebnisse der philosophischen Arbeit von der Tragfähigkeit dieser Unterscheidungen und der Wahrheit dieser Thesen abhängig zu machen.

Darüber hinaus ist nicht klar, was *methodisch* gewonnen wäre, wenn gezeigt würde, dass sich die philosophische Erkenntnis wesentlich von der empirischen unterscheidet. Auch wer annimmt, dass die Unterschiede letztlich nur gradueller Natur sind, leugnet ja nicht, dass es hier tatsächlich Unterschiede gibt. Auch graduelle Unterschiede sind Unterschiede. Die Welt enthält wirklich Menschen mit und ohne Glatzen, Baustellen mit und ohne Sandhaufen, leise und laute Cafés, langsame und schnelle Läufer, und wir haben in der Regel kein Problem, einzelne Fälle der einen oder anderen Seite zuzuschlagen. Ebenso kann die Welt auch dann, wenn die Unterschiede zwischen empirischer und philosophischer Erkenntnis letztlich gradueller Natur sind, wirklich empirische und philosophische Erkenntnis enthalten, und es kann in vielen Fällen ohne Schwierigkeit möglich sein, einzelne Fälle von Erkenntnis der einen oder anderen Art zuzuordnen.

Welches aber könnten die graduellen Unterschiede zwischen philosophischer und empirischer Erkenntnis sein? Ich möchte vor allem folgende Merkmale erwähnen, über die weitgehende Einigkeit herrscht:

Philosophische Forschung zielt *erstens* auf besonders *allgemeine* oder *abstrakte* Merkmale ihrer Gegenstände. Sie fragt nicht nach den konkreten Gesetzen, die die verschiedenen Arten von Gegenständen eines bestimmten Bereichs im Detail beherrschen, sondern danach, was es eigentlich heißt, ein Gegenstand einer dieser Arten oder überhaupt dieses Bereichs zu sein und unter diese Art von Gesetzen zu fallen.

Damit hängt *zweitens* zusammen, dass die philosophische Forschung immer auch eine Form des Diskurses beinhaltet, die man mit dem amerikanischen Philosophen W. V. O. Quine als »semantischen Aufstieg« (*semantic ascent*) bezeichnen kann. Des semantischen Aufstiegs bedienen wir uns immer dann, wenn wir nicht einfach unhinterfragt bestimmte Wörter und Begriffe verwenden, um über die Verfasstheit eines bestimmten Gegenstandsbereichs zu reden, sondern wenn wir dabei gleichzeitig nach dem Sinn dieser Wörter und dem Gehalt dieser Begriffe und nach deren Angemessenheit für den infrage stehenden Gegenstandsbereich fragen.[9] Zwar wird, wie Quine betont, der semantische Aufstieg auch in den empirischen Wissenschaften immer wieder in Anspruch genommen, etwa wenn es um die Klärung von Grundlagenproblemen geht, aber in der Philosophie gehört es zum alltäglichen Geschäft, die Angemessenheit noch der scheinbar selbstverständlichsten begrifflichen Unterscheidung zu hinterfragen, die für die Gewinnung von Erkenntnis in Anspruch genommen wird.

Drittens beansprucht die Philosophie, die grundlegenden Eigenschaften und Beziehungen, die einen jeweiligen Gegenstandsbereich bestimmen, in Begriffen zu erklären, die an unser alltägliches Weltverständnis zurückgebunden bleiben. Während die empirischen Wissenschaften sich eigens für den Zweck der jeweiligen Erkenntnis entwickelter theoretischer Sprachen und Begriffssysteme bedienen, die mit unseren Alltagsverständnissen nur noch so weit verbunden sind, wie es notwendig ist, um sie zu erlernen, sollen die Erkenntnisse der Philosophie nicht nur für eine Gruppe von Spezialistinnen und Spezialisten zugänglich sein, sondern unmittelbar unser Selbstverständnis als vernünftig denkende Wesen bereichern. Auch die technischen Begriffe, die die Philosophie verwendet, heißt das, müssen sich letztlich immer in einer allgemein verständlichen Weise explizieren lassen.

Auf diese Weise kann die Philosophie *viertens* auch in besonderer Weise der Frage nachgehen, wie ein bestimmter Bereich von Gegenständen mit anderen Bereichen von Gegenständen zusammenhängt. Die Physik etwa nimmt Gegenstände in der Regel immer schon als Gegenstände in den Blick, die bestimmte Eigenschaften besitzen und in bestimmten Beziehungen stehen, wie sie durch bestimmte physikalische Theorien vorgezeichnet sind. Die Frage, wie die physikalischen Gegenstände mit Gegenständen anderer Arten, etwa biologischen Gegenständen oder mentalen Gegenständen, zusammenhängen, wird unter diesen Vorzeichen in der Regel nicht mehr selbst als eine physikalische Frage begriffen. Zwar haben auch die empirischen Wissenschaften immer wieder den Anspruch zu erklären, wie sich die Erkenntnisse, die sie gewinnen, zu den Erkenntnissen anderer Wissenschaften verhalten, aber die Philosophie ist in besonderer Weise zur Klärung dieser Frage geeignet.

Diese Punkte lassen viele Ähnlichkeiten mit den Thesen erkennen, durch die wir oben die Idee eines prinzipiellen Unterschieds zwischen empirischer und philosophischer Erkenntnis auszudrücken versucht hatten. Das ist kein Zufall. Niemand kann die offensichtlichen Unterschiede leugnen, die den Großteil der philosophischen von dem Großteil der empirischen Forschung trennen. Beobachtung oder die Durchführung von Experimenten spielen in der philosophischen Forschung praktisch keine Rolle, in kaum einer Universität gibt es ein philosophisches Labor. Strittig ist vor allem die Deutung oder Erklärung dieser offensichtlichen Unterschiede. Ich werde im Folgenden davon ausgehen, dass ihre Existenz damit vereinbar ist, dass das philosophische Wissen letztlich nicht durch einen prinzipiellen Graben vom empirischen Wissen getrennt ist.

1.2 Philosophische Zugänge zum Mentalen

Wenn nicht Beobachtung und Experiment die primären Daten für die philosophische Untersuchung des Mentalen liefern, wovon geht diese dann aus? Welches sind die primären Quellen des philosophischen Wissens über das Mentale?

Hier ist zunächst jener Bereich unseres alltäglichen Redens und Denkens zu nennen, der oft als unsere »Alltagspsychologie« (*folk psychology*) bezeichnet wird. Damit verständlich wird, wieso es sich hier um eine Quelle philosophischer Erkenntnis handelt, bedarf es eines kurzen Kommentars. Gelegentlich wird unter der Alltagspsychologie (mehr oder weniger abschätzig) so etwas wie eine vorwissenschaftliche, wahrscheinlich von Vorurteilen durchdrungene und womöglich verfehlte Theorie über das Mentale verstanden, die sich zu der wissenschaftlichen Psychologie in etwa so verhält wie die Alltagsphysik zur wissenschaftlichen Physik.[10] Eine solche Alltagstheorie kann wohl kaum als eine Quelle philosophischer (oder überhaupt irgendwelcher wissenschaftlicher) Einsichten dienen. Wenn unsere Alltagspsychologie der Ausgangspunkt philosophischer Forschung sein können soll, müssen wir hierunter etwas für unser Verständnis des Mentalen Grundlegenderes verstehen als eine Sammlung potenziell falscher Alltagsüberzeugungen. Ein solches Verständnis steht nun tatsächlich zur Verfügung. Diesem Verständnis zufolge besteht unsere Alltagspsychologie aus den Grundzügen unseres Verständnisses unserer selbst und anderer als geistige Wesen, wie sie sich weniger in einzelnen Ansichten als vielmehr *in der Form* unseres alltäglichen Redens und Denkens über Mentales ausdrücken: in der *grammatischen Struktur*, den *logischen Eigenschaften* und *ontologischen Voraussetzungen* oder der *Rechtfertigung* derjenigen Sätze und Gedanken, mit denen wir uns selbst und anderen Gedanken, Wahrnehmungen, Empfindungen usw. zuschreiben. Wir werden in späteren Kapiteln sehen, dass sich unserer so verstandenen Alltagspsychologie tatsächlich ein Begriff des Gehalts von mentalen Zuständen und Ereignissen und ein entsprechender Begriff von Gedanken entnehmen lässt, sowie Hinweise auf das Wesen der sinnlichen Wahrnehmung. Die Einsichten, die anhand einer Untersuchung der Alltagspsychologie in diesem Sinn gewonnen werden können, sind für unser Verständnis des Mentalen tatsächlich in einer Weise prägend, dass nur schwer vorstellbar ist, in welchem Sinn ein Wesen, auf das sie nicht zutreffen, überhaupt ein geistiges Wesen sein könnte.

Eine zweite, von der Alltagspsychologie nicht immer scharf zu trennende Quelle philosophischen Wissens über das Mentale ist das, was man heute oft als »Phänomenologie« bezeichnet. Hiermit ist dann aber nicht die gleichnamige Richtung philosophischer Forschung gemeint, sondern eine bestimmte Form des Verständnisses, das geistige Wesen von sich selbst als geistigen Wesen haben können. Für viele Arten mentaler Ereignisse oder Zustände gilt mit einer berühmten Formulierung des amerikanischen Philosophen Thomas Nagel, dass es für die Subjekte dieser Ereignisse und Zustände »irgendwie ist«, sich in ihnen zu befinden.[11] Das wird heute oft in dem engen Sinn verstanden, der uns unter dem Titel des »phänomenalen Bewusstseins« in einem späteren Kapitel beschäftigen wird. In einem weiteren Sinn können wir hierzu aber auch grundlegende Aspekte unseres reflektierten Selbstverständnisses als Subjekte bestimmter Arten mentaler Zustände oder Ereignisse zählen. Wir können diese Aspekte vielleicht so kennzeichnen, dass sie Ansichten darüber beinhalten, was es heißt, ein Subjekt bestimmter Arten mentaler Zustände oder Ereignisse zu sein, die wir als wahr anerkennen müssen, wenn wir uns in die Situation dieses Subjekts begeben. So gehört es etwa zur Phänomenologie der sinnlichen Wahrnehmung, dass uns in der sinnlichen Wahrnehmung die materiellen Dinge selbst gegenwärtig sind. Dies ist ein so grundlegender Aspekt unseres Selbstverständnisses als sinnlich Wahrnehmende, dass wir eine philosophische Erklärung eines bestimmten Vermögens, das diesem Aspekt nicht Rechnung trägt, nur schwer als eine Erklärung der sinnlichen Wahrnehmung anerkennen können.

Wenn man Alltagspsychologie und Phänomenologie in dieser Weise begreift, ist nur schwer vorstellbar, wie die Ansichten des Mentalen, die sie enthalten, von der Psychologie oder einer anderen empirischen Wissenschaft widerlegt oder korrigiert werden könnten. Aber das heißt nicht, dass es ausgeschlossen ist, dass das passiert.[12] Und außerdem können die empirischen Wissenschaften unsere Alltagsüberzeugungen auf subtilere Weise beeinflussen als durch offene Widerlegung oder Korrektur. Man denke nur an die Veränderung unseres Selbstverständnisses als mentale Wesen, die die Psychoanalyse im Lauf der letzten gut hundert Jahre bewirkt hat. Der Gedanke, dass unser Denken und Handeln von mentalen Ereignissen beeinflusst wird, von denen wir zu dem Zeitpunkt, zu dem sie stattfinden, keine Kenntnis haben können, und dass Beschreibungen unseres mentalen Lebens aus der Perspektive der dritten Person auch dann wahr sein können, wenn das Subjekt dieser Zustände sie aufrichtig bestreitet, scheint heute, anders als vielleicht noch vor hundert Jahren, ein Bestandteil unserer Alltagspsychologie zu sein.

1.3 Grundfragen und -probleme der Philosophie des Geistes

Vor dem Hintergrund dieser Andeutungen können wir das Unternehmen der Philosophie des Geistes nun dadurch näher charakterisieren, dass wir betrachten, welcher Art die Fragen sind, die es zu beantworten versucht:

Es sind *erstens* Fragen, die die grundlegenden Merkmale (früher hätte man gesagt: das »Wesen«) der grundlegenden Arten des Mentalen betreffen: Was kennzeichnet das Mentale als solches? Und was kennzeichnet Gedanken als solche? Und was unterscheidet sie von Wahrnehmungen oder Empfindungen?

Es sind *zweitens* Fragen, die das Wesen der grundlegenden Eigenschaften und Relationen betreffen, durch die das Mentale und die verschiedenen Arten des Mentalen gekennzeichnet sind: Wie lässt sich etwa die *Empfindungsqualität* von Schmerzen verstehen? Wie ist es zu erklären, dass Gedanken *von der Welt handeln* oder Emotionen auf Dinge in der Welt *gerichtet* sind?

Es sind *drittens* Fragen, die den Zusammenhang des Mentalen mit der nicht-mentalen Welt betreffen. Hier sind es vor allem zwei Arten von Fragen, die im Mittelpunkt stehen: zum einen Fragen, die den *kausalen* Zusammenhang mentaler Ereignisse untereinander und mentaler Ereignisse mit Ereignissen in der nicht-mentalen Welt betreffen, wie er in der Wahrnehmung und im Handeln besteht (das sogenannte »Problem der mentalen Verursachung«); zum anderen Fragen, die das Verhältnis des Mentalen zu denjenigen körperlichen Ereignissen, Vorgängen, Zuständen usw. betreffen, mit denen es zumindest *de facto* stets *korreliert* ist und von denen es abzuhängen scheint. Diese Fragen werden unter dem Titel »Leib-Seele-Problem« oder »Körper-Geist-Problem« verhandelt.

Und schließlich sind es *viertens* Fragen, die den internen Zusammenhang des Mentalen mit anderen Gegenstandsbereichen betreffen, die sich ihrerseits nicht unabhängig vom Mentalen verstehen lassen, sondern konstitutiv von ihm abhängen, wie etwa die Sprache, die Kunst oder die Moral.

1.4 Aufbau des Bandes

Im Rahmen dieser Einführung werden wir uns auf Fragen der ersten drei Arten beschränken. Die nächsten fünf Kapitel beschäftigen sich mit Fragen der ersten beiden Arten, die letzten beiden Kapitel mit dem Problem des Verhältnisses von Geist und Körper. Etwas genauer sieht das so aus: Im nächsten Kapitel werde ich unter dem Titel einer »Ontologie des Mentalen« überlegen, nach welchen Prinzipien der Bereich des Mentalen sich in welche grundlegenden Arten mentaler ›Dinge‹ einteilen lässt, und entsprechend versuchen, die Rede von mentalen Substanzen, Eigenschaften, Zuständen, Ereignissen usw. zu erläutern. Die darauffolgenden beiden Kapitel sind den beiden grundlegenden Eigenschaften mentaler Ereignisse und Zustände gewidmet: dem mentalen Gehalt und dem phänomenalen Bewusstsein. In beiden Fällen gehe ich so vor, dass ich zunächst versuche, den intuitiven Gehalt der jeweiligen Idee ausführlich zu erläutern, um dann einen Überblick über die philosophischen Ansätze zur Erklärung des entsprechenden Phänomens darzustellen. Das fünfte Kapitel ist dann der Frage gewidmet, ob es ein einheitliches Prinzip gibt, nach dem wir Mentales von Nicht-Mentalem unterscheiden. Es wird sich zeigen, dass die Überlegungen der vorangegangenen Kapitel es erlauben, zumindest eine tentative Antwort auf die Frage nach diesem sogenannten »Merkmal des Mentalen« zu geben. Im sechsten Kapitel werden wir dann die begrifflichen Erläuterungen der vorangegangenen Kapitel dadurch überprüfen und vertiefen, dass wir sie auf einen konkreten Fall des Mentalen, die sinnliche Wahrnehmung, anwenden.

Die letzten beiden Kapitel schließlich widmen sich dem in den meisten anderen Einführungen im Zentrum der Aufmerksamkeit stehenden Zusammenhang zwischen Geist und Körper.[13] Hintergrund meiner Entscheidung, diese Darstellung an das Ende dieser Einführung zu stellen, ist die Überzeugung, dass das Projekt des philosophischen Materialismus nicht verstanden werden kann, solange man sich nicht sorgfältig darüber Rechenschaft abgelegt hat, was denn eigentlich die grundlegenden Merkmale der mentalen Phänomene sind, von denen zumindest die radikalere Form des Materialismus, der reduktive Materialismus, behaupten möchte, dass sie in einem bestimmten Sinn nichts anderes als physische Phänomene sind. Die Erörterung des Materialismus vollzieht sich in zwei Schritten. Im siebten Kapitel stelle ich die wichtigsten Varianten des reduktiven Materialismus dar und diskutiere ihre relativen Vorzüge und Nachteile, im achten Kapitel präsentiere ich zunächst die beiden Grundprobleme des reduktiven Materialismus und stelle dann eine Variante des nichtreduktiven Materialismus vor. Es zeigt sich, dass der nicht-reduktive Materialismus zwar die Grundprobleme des reduktiven Materialismus vermeidet, dafür aber Schwierigkeiten hat, der mentalen Verursachung Rechnung zu tragen. Abschließend werfe ich einen kurzen Blick auf den *eliminativen* Materialismus, der die erstaunliche These vertritt, dass das Mentale, so wie wir es bis dahin zu verstehen versucht haben, schlichtweg nicht existiert.

Ich habe versucht, die einzelnen Kapitel so zu gestalten, dass sie weitgehend auch unabhängig voneinander verständlich sind. Wo mir das nicht gelungen ist, habe ich in Fußnoten auf die Passagen verwiesen, in denen das Vorausgesetzte erörtert wird.

2. Eine kleine Ontologie des Mentalen

Ich habe, um mich auf Mentales insgesamt zu beziehen, bisher zwei Arten von Aufzählungen verwendet, die implizieren, dass sich der Bereich des Mentalen in unterschiedlichen Weisen in grundlegende Arten einteilen lässt. Zum einen habe ich von »Gedanken, Wahrnehmungen, Empfindungen usw.« geredet, zum anderen von »mentalen Zuständen, Ereignissen usw.«. Das mag für die Zwecke einer Einleitung in eine Einführung noch gerade durchgehen, sobald man aber auf ein genaueres Verständnis der Fragen, Probleme und Positionen der Philosophie des Geistes aus ist, muss man sich Klarheit verschaffen über die Prinzipien, nach denen man den Bereich des Mentalen in grundlegende Arten einteilt, und über die Begriffe, mit denen man diese Arten bezeichnet.

Auf Fragen wie die nach dem Unterschied zwischen Gedanken, Wahrnehmungen, Empfindungen usw. werden wir in späteren Kapiteln noch eingehen. In diesem Kapitel wollen wir uns mit Unterschieden der zweiten Art beschäftigen. Hier handelt es sich um Unterschiede, die durch den Gebrauch von *ontologischen* Begriffen getroffen werden, von Begriffen also, deren Funktion es ist, ›Dinge‹ – im weitesten Sinn des Wortes genommen – in den grundlegendsten und allgemeinsten Hinsichten überhaupt zu charakterisieren und zu klassifizieren. Die in der philosophischen Diskussion übliche Unterscheidung zwischen *substanz-* und *eigenschafts*dualistischen Positionen etwa ist ebenso eine ontologische Unterscheidung wie die zwischen mentalen

Zuständen, *Ereignissen* und *Prozessen*. In diesem Kapitel möchte ich diese Begriffe so weit klären, wie das für ein Verständnis der anstehenden philosophischen Probleme im Zusammenhang mit dem Mentalen wichtig ist. Nicht zuletzt soll dabei die in der Philosophie des Geistes weit verbreitete pauschale Rede von mentalen *Zuständen* als Sammelbegriff für so unterschiedliche ›Dinge‹ wie Überzeugungen, Urteile, Wahrnehmungen, Absichten, Schmerzerlebnisse und Stimmungen einerseits erläutert, andererseits aber vor allem durch eine differenziertere Rede ersetzt werden, die es erlaubt, diese verschiedenen ›Dinge‹ hinsichtlich ihrer *zeitlichen Form* zu unterscheiden. Diese Unterscheidung ist kein Selbstzweck. Sie hilft uns, phänomenologisch und alltagspsychologisch wichtige Unterschiede und Gemeinsamkeiten zwischen verschiedenen Arten des Mentalen zu artikulieren und im Blick zu behalten, und ermöglicht uns dadurch, philosophische Scheinfragen zu vermeiden, die durch eine Verwechslung dieser Phänomene entstehen.

2.1 Geistige Substanzen, Eigenschaften und Zustände

Ich hatte einleitend gesagt, dass heute unter Philosophinnen und Philosophen weitgehende Einigkeit besteht, dass man die Rede von »dem Geist« eines Wesens nicht so verstehen sollte, dass etwa »mein Geist« der Name für einen einzelnen Gegenstand wäre, der ein Teil von mir ist oder in irgendeiner Weise von mir ›besessen‹ wird. Das war nicht immer so. In der platonisch-christlichen Tradition ist es der Begriff der *Seele*, in dem sich die Idee ausdrückt, dass das geistige Leben eines Wesens auf die Existenz eines einzelnen Gegenstands einer besonderen Art angewiesen ist, der zusätzlich zu seinem Körper existiert und der der eigentliche Ort des geistigen Lebens dieses Wesens ist.

Ihren einflussreichsten philosophischen Ausdruck hat diese Idee im 17. Jahrhundert durch René Descartes erfahren. Descartes begreift den Menschen als eine Verbindung zweier fundamental unterschiedlicher ›Dinge‹, eines Körpers bzw. »ausgedehnten Dings« (*res extensa*) und eines Geistes bzw. »denkenden Dings« (*res cogitans*). Ontologisch gesehen handelt es sich bei diesen beiden ›Dingen‹ um *Substanzen.*[14] Substanzen als solche sind für Descartes durch zwei Merkmale definiert. Sie hängen hinsichtlich ihrer Existenz von nichts anderem ab;[15] und sie sind diejenigen ›Dinge‹, denen einerseits Eigenschaften zugeschrieben werden können, die aber andererseits nicht selbst anderen ›Dingen‹ als Eigenschaften zugeschrieben werden können. Meine Größe und mein Gewicht sind Eigenschaften der Substanz, die mein Körper ist, meine Feigheit, meine Gedanken und meine Empfindungen Eigenschaften der Substanz, die mein Geist ist.

Körper und Geist sind zwei Substanzen fundamental unterschiedlicher Art: Der Körper ist ausgedehnt und aus Teilen zusammengesetzt, der Geist nicht; der Körper ist daher auch vergänglich, der Geist nicht; der Geist empfindet, denkt, fühlt, der Körper nicht. Die *einzige* echte Gemeinsamkeit zwischen Körper und Geist besteht darin, dass sie beide Substanzen sind. Es ist daher angemessen, Descartes' Auffassung des Mentalen und seines Verhältnisses zum Körper als einen Substanz*dualismus* zu bezeichnen.

Descartes hat den Substanzdualismus nicht nur begrifflich ausgearbeitet, ihm verdanken wir auch wichtige und subtile Argumente für diese Auffassung, deren Studium sich immer noch lohnt.[16] Dennoch gilt der Substanzdualismus heute allgemein als diskreditiert. Das hat vor allem zwei Gründe. *Erstens* birgt die Annahme, dass der Geist eines Wesens eine nicht-körperliche Substanz ist, eine Reihe kaum zu bewältigender philosophischer Probleme, von denen das gewichtigste darin besteht zu erklären, wie eine Wechselwirkung zwischen Ereignissen wie einem Stoß und einem Schmerz oder einer Injektion und dem Verschwinden des Schmerzes stattfinden kann, wenn diese sich in zwei fundamental unterschiedlichen Substanzen ereignen. Mit diesem »Problem der mentalen Verursachung« – der Existenz von Kausalbeziehungen, bei denen mindestens eines der Relata etwas Mentales ist – werden wir uns gegen Ende dieser Einführung etwas eingehender beschäftigen. Es ist ohnehin ein vertracktes Problem, aber unter der Voraussetzung des Substanzdualismus wird es, so die gängige Meinung, zu einem unlösbaren.[17] *Zweitens* scheint die Annahme, dass der Geist eines Wesens eine Substanz ist, einfach überflüssig: Zu sagen, dass ein Wesen »einen Geist hat«, bedeutet, wie wir uns bereits einleitend klargemacht hatten, zunächst nichts anderes, als zu sagen, dass es Gedanken, Wahrnehmungen, Gefühle, Erlebnisse, Stimmungen usw. hat oder haben kann. Die einzige *Substanz*, die hier erkennbar eine Rolle spielt, ist *das Wesen selbst. Ihm*, nicht seinem Geist als einer weiteren Substanz, schreiben wir diese ›Dinge‹ zu. Solange es keine zwingenden Argumente *für* die Annahme der Existenz des Geistes als einer weiteren Substanz gibt, brauchen wir uns um diese Annahme daher nicht zu kümmern.[18] Da der Substanzdualismus heute nur noch vereinzelt ernsthaft vertreten wird[19] und in den Debatten der gegenwärtigen Philosophie des Geistes praktisch keine Rolle mehr spielt, werden wir in dieser Einführung auf eine weitergehende Darstellung und Kritik verzichten und stattdessen etwas genauer überlegen, wie wir den ontologischen Status der mentalen ›Dinge‹ selbst genauer begreifen sollen.

Ich hatte gesagt, dass heute allgemein davon ausgegangen wird, dass die einzigen Substanzen, die in unserem alltäglichen Denken und Reden über Mentales eine Rolle spielen, die Wesen sind, denen wir ›Dinge‹ wie Empfindungen, Gedanken, Gefühle usw. zuschreiben. Dies wird oft so ausgedrückt, dass der Geist keine

Substanz, sondern eine Menge von *Eigenschaften* oder *Zuständen* sei. Insbesondere der Ausdruck »mentaler Zustand« wird heute zumeist so verwendet, dass er unterschiedslos auf alles Mentale zutrifft. Nun ist es sicherlich zweckmäßig, über einen Ausdruck dieser Art zu verfügen. Denn ansonsten muss man, wie ich eben, umständliche Konstruktionen wie »›Dinge‹ wie Empfindungen, Gedanken, Gefühle usw.« verwenden. Aber hier ist Vorsicht geboten. Denn die Rede von »mentalen Eigenschaften und Zuständen« ist, was selten bemerkt wird, unkommentiert nicht viel weniger irreführend als die Rede von »dem Geist« eines Wesens. Versuchen wir also, uns die Rede von »mentalen Eigenschaften und Zuständen« klarzumachen. Paradigmatische Aussagen, mit denen von dem mentalen Leben eines Wesens berichtet wird, sind Aussagen wie

(1) Hans glaubt, dass Wale Fische sind.
(2) Hans empfindet Schmerzen.
(3) Hans ist niedergeschlagen.

Diese Aussagen haben die Form »a ist ψ« oder »a ψt« und bestehen aus einem Ausdruck – »a« –, der auf das Wesen Bezug nimmt, von dessen mentalem Leben berichtet wird, und einem Ausdruck – »ist ψ« oder »ψt« –, den wir »mentales Prädikat« nennen können und der dazu dient, ›Dinge‹ in mentaler Hinsicht zu charakterisieren.

Die deutsche Sprache erlaubt es nun, aus schlichten prädikativen Aussagen dieser Form Aussagen abzuleiten, die wir als »Eigenschaftszuschreibungen« bezeichnen können. Aus unseren einfachen mentalen Prädikationen werden dann folgende Eigenschaftszuschreibungen:

(4) Hans hat die Eigenschaft zu glauben, dass Wale Fische sind.

(5) Hans hat die Eigenschaft, Schmerzen zu empfinden.
(6) Hans hat die Eigenschaft, niedergeschlagen zu sein.

Die Beispiele zeigen, dass sich die Rede von mentalen Eigenschaften schlicht in Form der folgenden terminologischen Festsetzung einführen lässt: Ein Wesen hat genau dann eine mentale Eigenschaft, wenn eine einfache mentale prädikative Aussage von ihm wahr ist. Wenn die Rede von mentalen Eigenschaften nicht mehr meint als dies, dann ist es offenbar unproblematisch zu sagen, dass der Geist keine Substanz, sondern eine Menge von Eigenschaften ist. Es ist aber wichtig, im Auge zu behalten, dass man mit dieser Redeweise noch keinen substanziellen philosophischen Schritt getan, sondern nur eine neue Terminologie eingeführt hat. Insbesondere darf man diese Redeweise nicht dahingehend missverstehen, dass in ihr irgendeine Einsicht über den *ontologischen* Status des Mentalen enthalten sei, die über die Ablehnung mentaler Substanzen hinausgeht.

Auch eine entsprechende unproblematische Rede von mentalen *Zuständen* lässt sich auf diese Weise einführen. Denn aus Eigenschaftszuschreibungen lassen sich wiederum Aussagen ableiten, die wir als »Zustandsbeschreibungen« bezeichnen können. Für unsere Beispiele:

(7) Hans befindet sich im Zustand des Glaubens, dass Wale Fische sind.
(8) Hans befindet sich im Zustand des Empfindens von Schmerzen.
(9) Hans befindet sich im Zustand des Niedergeschlagenseins.

Auch die Rede von mentalen Zuständen lässt sich also einfach durch eine terminologische Setzung einführen: Ein Wesen befindet sich genau dann in einem mentalen Zustand, wenn es eine entsprechende mentale Eigenschaft hat (welche es gemäß der ersten Festlegung genau dann hat, wenn eine entsprechende einfache mentale prädikative Aussage auf es zutrifft). Auch an dieser Setzung ist nichts auszusetzen. Aber auch hier ist festzuhalten: Das ist eine terminologische Setzung und noch keine philosophische Einsicht, insbesondere keine Einsicht mit Bezug auf den ontologischen Status des Mentalen.

Nun hat diese, wie wir sie nennen können, »ontologisch neutrale« Redeweise von mentalen Eigenschaften und Zuständen natürlich ihre Berechtigung. Sie ist immer dann hilfreich, wenn wir unterschiedslos – und daher auch ontologisch neutral – über alles Mentale reden wollen. Und das wollen wir gelegentlich, etwa dann, wenn wir das sogenannte »Leib-Seele-Problem« oder »Körper-Geist-Problem« erörtern. Dieses Problem lässt sich unter Verwendung der eben eingeführten Rede von (mentalen) Eigenschaften und Zuständen ganz allgemein etwa so formulieren: Wie verhalten sich die mentalen zu den materiellen oder physischen Eigenschaften oder Zuständen eines Wesens?

Doch die Rede davon, dass der Geist keine Substanz, sondern eine Menge oder ein Ensemble von Eigenschaften oder Zuständen sei, kann sehr leicht missverstanden werden. Sie kann nämlich missverstanden werden als eine Auskunft, die bereits etwas darüber mitteilt, zu welchen ontologischen Kategorien jene ›Dinge‹ gehören, die wir intuitiv als geistige einstufen würden, ›Dinge‹ wie Schmerzen, Überzeugungen, Gedanken oder Empfindungen also. So, wie die Begriffe der mentalen Eigenschaft und des mentalen Zustands aber eben eingeführt wurden, können sie mit dieser Frage rein gar nichts zu tun haben, denn diese Frage ist keine Frage, die sich durch terminologische Setzungen entscheiden lässt.

Dieser Hinweis ist vor allem deswegen wichtig, weil es einen substanziellen ontologischen Gebrauch des Begriffs des mentalen Zustands *gibt*, der sich für die Zwecke einer Klassifikation mentaler Dinge in grundlegende Kategorien – einer »Ontologie des Mentalen« – eignet. *Diesem* Gebrauch zufolge, so wird sich jetzt zeigen, ist der Geist aber mitnichten eine Menge mentaler Zustände.

2.2 Mentale Ereignisse und mentale Zustände

Werfen wir einen Blick zurück auf die mentalen Zustände im weiten, ontologisch neutralen Sinn. Einen dieser Zustände hatten wir als den »Zustand des Empfindens von Schmerzen« bezeichnet, einen anderen als den »Zustand des Glaubens, dass Wale Fische sind«. Dass sich Hans in diesen Zuständen befindet, ist dabei nichts anderes als eine Formulierung für die Sachverhalte, dass er Schmerzen empfindet und dass er glaubt, dass Wale Fische sind. Jeglicher mögliche ontologische Unterschied zwischen den beiden mentalen ›Dingen‹, von denen wir hier berichten – einer Schmerzempfindung und einer Überzeugung –, wird dabei übergangen. Es wird sich aber zeigen, dass es hier wichtige ontologische Unterschiede gibt, die zu übergehen sich die Philosophie des Geistes nicht leisten sollte.

Es soll also darum gehen, Begriffe zu entwickeln, die mentale ›Dinge‹ in den grundlegendsten Hinsichten zu unterscheiden erlauben, in denen sie sich überhaupt unterscheiden lassen, Begriffe also, mit deren Hilfe sich, wie wir sagen können, der ontologische Status mentaler ›Dinge‹ erfassen lässt. Wie geht man vor, wenn man den ontologischen Status einer bestimmten Art von Dingen bestimmen will? Die primäre Quelle ontologischer Untersuchungen sind die Formen unseres Denkens und Redens über ›Dinge‹. Das können wir uns mit Bezug auf die im letzten Abschnitt getroffene Unterscheidung zwischen Substanzen und

Eigenschaften klarmachen. Diese Unterscheidung haben wir (unter anderem) so erläutert: Einige ›Dinge‹ – Substanzen – sind derart, dass wir zwar *auf sie* mit bestimmten Arten von Ausdrücken *Bezug nehmen*, sie aber *nicht* anderen ›Dingen‹ *zuschreiben* oder *von anderen ›Dingen‹ aussagen* können. Andere ›Dinge‹, Eigenschaften, sind derart, dass wir sie ›Dingen‹ *zuschreiben* oder *von* ›Dingen‹ *prädizieren* können.[20] Die kursiv gesetzten Ausdrücke, die in diesen Erklärungen die ganze Arbeit leisten, sind dabei ausschließlich Ausdrücke, die die Form unseres Denkens und Redens über die Welt beschreiben.

Die primäre Quelle für eine Ontologie des Mentalen ist also die Form unseres Redens und Denkens über das mentale Leben unserer selbst und anderer. Aber welche Aspekte dieser Form sollen uns interessieren? Einen Ansatzpunkt können wir hier dem traditionellen Gedanken entnehmen, dass das Mentale in ontologischer Hinsicht primär durch seine *Zeitlichkeit* bestimmt ist. Bei Kant etwa finden wir diesen Gedanken so ausgedrückt, dass die Zeit die »Form des innern Sinnes«[21] sei, also unseres Bewusstseins dessen, was sich in unserem Geist abspielt. Das heißt für Kant, dass »Vorstellungen« – Kants Begriff für Mentales insgesamt – nicht anders als »in der Zeit« aufgefasst werden können. Wenn wir den transzendentalen Idealismus Kants einmal beiseitelassen, können wir sagen, dass Kant hiermit den Gedanken zum Ausdruck gebracht hat, dass Mentales seinem Wesen nach *zeitlich* ist. Diesen Gedanken können wir aufnehmen. Eine Ontologie des Mentalen kann, so werden wir sehen, als eine Klassifikation mentaler ›Dinge‹ hinsichtlich ihrer unterschiedlichen *zeitlichen Form* – hinsichtlich der spezifischen Art und Weise, in der sie die Zeit ihrer Existenz ausfüllen[22] – verstanden werden. Wir haben außerdem bereits festgestellt, dass sich unser alltägliches Verständnis des Mentalen primär in mentalen Zuschreibungen ausdrückt, in denen ein mentales Prädikat wie »empfindet Schmerzen« oder »glaubt, dass Wale Fische sind« auf ein Wesen angewendet wird. Es sind daher Prädikationen dieser Art, die wir daraufhin untersuchen müssen, wie sich die zeitliche Form der mit ihnen prädizierten mentalen ›Dinge‹ in ihnen manifestiert.

In einer der einflussreichsten Untersuchungen dieser Art hat Zeno Vendler vor gut einem halben Jahrhundert festgestellt, dass ein grundlegender Unterschied zwischen verschiedenen Arten von Verben darin besteht, dass sich einige in einer grammatischen Form verwenden lassen, die man als »Verlaufsform« oder technischer als »imperfektiven Aspekt« bezeichnet und die zum Ausdruck bringt, dass der Vorgang oder Akt, von dem mithilfe des Verbs berichtet wird, zu dem Zeitpunkt, auf den sich der Bericht bezieht, noch nicht abgeschlossen ist.[23] Im Deutschen lässt sich dies dadurch zum Ausdruck bringen, dass wir sagen, jemand sei »gerade dabei, etwas zu tun« oder etwas ereigne sich »gerade«.[24] So können wir zwar sagen, dass Hans gerade Schmerzen hat oder gerade dabei ist, etwas zu überlegen, nicht aber, dass er gerade glaubt, dass Wale Fische sind, oder gerade dabei ist, mutig zu sein.[25]

Wir können an diesem grammatischen Unterschied einen Unterschied zwischen den Arten von Sachverhalten ablesen, von denen wir jeweils berichten: Schmerzen und Überlegungen sind *Ereignisse*, Dinge, die nicht nur in dem schwachen Sinn zeitlich sind, dass sie einen Anfang und ein Ende in der Zeit haben, sondern in dem starken Sinn, dass sie selbst *zeitliche ›Dinge‹* sind, ›Dinge‹, deren Existenzform es ist, zu *geschehen* oder *sich zu ereignen*, und die sich *in der Zeit entfalten* und *aus zeitlichen Teilen* bestehen, die einander in der Zeit folgen und selbst wieder zeitliche ›Dinge‹ (derselben oder einer anderen Art) sind. Ganz anders Hans' Überzeugung, dass Wale Fische sind, oder sein Wunsch, Feuerwehrmann zu werden. Hier handelt es sich um mentale *Zustän-*

de in einem *substanziellen ontologischen Sinn*: um den Besitz einer bestimmten *statischen* Eigenschaft für eine bestimmte Zeit. Zuständen in diesem Sinn ist es zwar wesentlich, zeitlich *ausgedehnt* zu sein, aber ihre Zeitlichkeit besteht in nichts anderem als dieser Ausdehnung. Sie ereignen sich nicht *in* der Zeit, könnte man sagen, sondern bestehen *für* eine bestimmte Zeit. Diesen Unterschied kann man auch mit Bezug auf den Begriff des *zeitlichen Teils* oder *Abschnitts* zum Ausdruck bringen: Wenn wir ein zeitlich ausgedehntes Ereignis in zeitliche Teile oder Abschnitte zerlegen und etwa von »der ersten Hälfte meiner Migräne« oder »dem Beginn der Reparatur« reden, dann beziehen wir uns mit diesen Ausdrücken auf *echte Teile* der Ereignisse. Das gesamte Ereignis *besteht* aus diesen Teilen und ist erst dann *vollständig zur Existenz gelangt*, wenn dies auch für *alle* seine Teile gilt. Zustände hingegen haben keine zeitlichen Teile in diesem Sinn. Wenn ein Zustand, sagen wir mein Zweifel an der Wahrheit einer bestimmten These, für einen längeren Zeitabschnitt besteht, dann können wir uns zwar auch hier auf einen Teil der Zeit seines Bestehens beziehen und etwa davon reden, dass »ich bereits eine Woche lang an der Wahrheit der These gezweifelt hatte, bevor ich begann, darüber ernsthaft nachzudenken«. Aber wir beziehen uns mit diesem Ausdruck nicht auf einen zeitlichen Teil des Zustands des Zweifels. Mein Zweifel existiert im Gegensatz zu dem Nachdenken, das schließlich zu seiner Beseitigung führt, als Ganzes nicht erst dann, wenn ich nicht mehr zweifle, sondern zu *jedem* Zeitpunkt und Zeitabschnitt, in dem ich zweifle.[26]

Nun gibt es eine Klasse von Verben, die ebenfalls keinen imperfektiven Aspekt zulassen und die keine ›Dinge‹ bezeichnen, die zeitliche Teile haben, die aber dennoch keine Zustände bezeichnen. So kann ich zwar dabei sein, einen Vogel zu beobachten, nicht aber, ihn zu bemerken, und ich kann zwar dabei sein zu überlegen, ob ich ins Kino gehe, nicht aber zu entscheiden, dass ich es tue. Anders als im Fall der Zustandsverben sollten wir uns dadurch aber nicht dazu verleiten lassen, dem Bemerken oder der Entscheidung den Charakter zeitlicher ›Dinge‹ im engeren Sinn abzusprechen. Auch diese ›Dinge‹ *geschehen* oder *ereignen sich* in der Zeit. Der Grund für die Unmöglichkeit der Verwendung des imperfektiven Aspekts und für das Fehlen zeitlicher Teile ist hier auch ein ganz anderer als im Fall der Zustandsverben und Zustände. Er besteht einfach darin, dass es sich hier um *momentane* Ereignisse handelt, Ereignisse, die selbst keine (oder nur eine minimale) zeitliche Ausdehnung und daher auch keine zeitlichen Teile besitzen und die daher nicht »gerade dabei« sein können zu geschehen, da sie vorbei sind, sobald sie begonnen haben.

Wir können also eine grundlegende Unterscheidung zwischen solchen mentalen ›Dingen‹ treffen, die sich in der Zeit *ereignen* und die wir daher als mentale *Ereignisse* bezeichnen, und solchen ›Dingen‹, die für eine bestimmte Zeit *bestehen* und die wir daher als mentale *Zustände* (im engeren Sinn) bezeichnen. Überlegungen, Entscheidungen, Schlussfolgerungen, Empfindungen oder Wahrnehmungen sind mentale Ereignisse, Überzeugungen, Wünsche oder Persönlichkeitsmerkmale und Charakterzüge sind mentale Zustände.[27]

Die mentalen Ereignisse können wir noch einmal danach einteilen, ob sie zeitlich ausgedehnt sind oder nicht (bzw. zeitliche Teile besitzen oder nicht). Zeitlich ausgedehnte mentale Ereignisse können wir dann als mentale *Prozesse* bezeichnen.

Und noch eine weitere Unterscheidung hinsichtlich der zeitlichen Form ist im Anschluss an Vendler möglich (wenngleich für die meisten Zwecke nicht nötig). Prozesse können nämlich die Zeit, die sie dauern, auf zwei verschiedene Weisen ausfüllen: Es gibt Prozesse, wie etwa das Empfinden eines Schmerzes oder das Sehen eines Nachbildes, für die gilt, dass jeder ihrer zeitlichen Teile notwendig wieder ein Prozess derselben Art ist. Für andere Prozesse gilt dies nicht: Die erste Hälfte einer Schlussfolgerung muss nicht selbst eine Schlussfolgerung sein, der Beginn eines Sich-etwas-Ausdenkens noch kein Sich-etwas-Ausdenken usw. Wir können das Merkmal der zeitlichen Form, das diesen Unterschied begründet, »zeitliche Homogenität« nennen.[28] Die Klassifikation des Mentalen, die sich aus diesen Einteilungen ergibt, lässt sich in eine Übersicht bringen, wie sie in diesem Schema dargestellt ist.

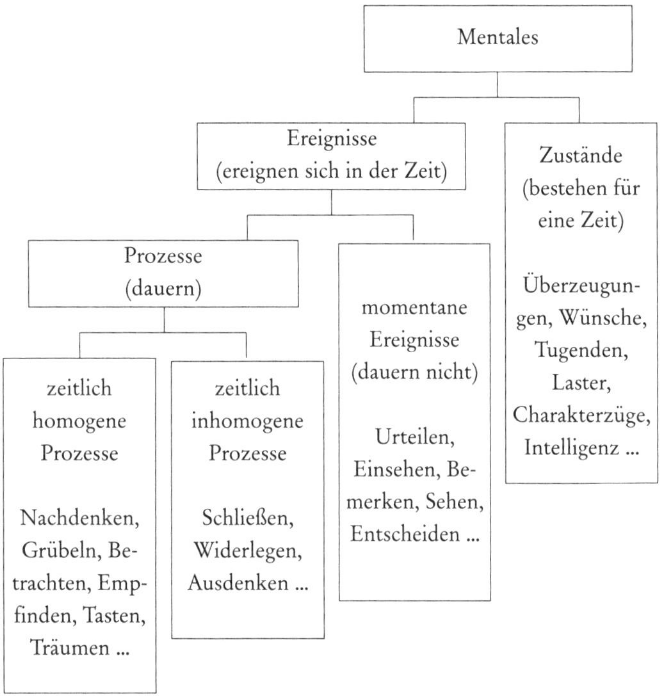

Ontologie des Mentalen

Was ist damit gewonnen? Zunächst einmal Übersichtlichkeit, was den Bereich des Mentalen angeht. Darüber hinausgehende erfreuliche Konsequenzen der getroffenen Unterscheidungen werden wir erst in späteren Kapiteln würdigen können, etwa im fünften Kapitel, wenn wir uns auf die Suche nach einem Merkmal des Mentalen begeben.

2.3 Einzelereignisse und Ereignistypen

Bevor wir das etwas abstrakte Gebiet der Ontologie des Mentalen verlassen können, müssen wir uns noch eine Unterscheidung vornehmen, deren Nichtbeachtung zu einer Reihe philosophischer Scheinprobleme führen kann, uns aber durch eine Ambiguität der deutschen Sprache nahegelegt wird. Nehmen wir einen Satz wie

(A) Diese Kopfschmerzen dauern nun schon den ganzen Morgen.

Mit einer Äußerung dieses Satzes berichten wir von einem *einzelnen Ereignis*, von etwas, das sich während einer bestimmten Zeitspanne ereignet, das bestimmte einzelne Ursachen und Wirkungen hat und das sich daher auch nicht wiederholen kann. Wenn wir morgen erneut Anlass zur Äußerung dieses Satzes haben, berichten wir von einem *anderen* einzelnen Ereignis, das sich zu einem *anderen* Zeitpunkt ereignet und *andere* Ursachen und Wirkungen hat.

Betrachten wir nun folgenden Satz:

(A2) Diese Kopfschmerzen habe ich nur nach einer durchzechten Nacht.

Die ersten beiden Wörter *dieses* Satzes können sich *nicht* auf ein einzelnes Ereignis beziehen. Der Ausdruck »diese Kopfschmerzen« bezieht sich im Kontext dieses Satzes offenbar auf etwas, das man bei *vielen verschiedenen* Gelegenheiten haben kann, und eine Äußerung von (A2) kann in meinem Munde auch dann wahr sein, wenn ich zum Zeitpunkt der Äußerung gar keine Kopfschmerzen habe, etwa wenn ich mit dieser Äußerung auf jemandes detaillierte Schilderung seiner Kopfschmerzen reagiere. Insofern also hier von »meinen Kopfschmerzen« die Rede ist, ist von ihnen nicht als einem einzelnen Ereignis, sondern als einem bestimmten *Typ* von Ereignissen die Rede. Es wird zum Ausdruck gebracht, dass Ereignisse eines bestimmten Typs (Kopfschmerzen dieses Typs) nur dann stattfinden, wenn zuvor Ereignisse eines anderen Typs (durchzechte Nächte) stattgefunden haben.

Wie verhält es sich nun mit einer Äußerung des folgenden Satzes?

(A3) Diese Kopfschmerzen bereiten mir Sorge.

Hier ist (zumindest ohne Berücksichtigung des Kontexts der Äußerung) unklar, wovon die Rede ist. Vielleicht bringe ich zum Ausdruck, dass es ein bestimmtes *einzelnes Ereignis* ist, das mir Sorge bereitet: diese besonders starken Kopfschmerzen, die ich jetzt gerade habe. Vielleicht meine ich aber auch, dass mir Ereignisse *eines bestimmten Typs* (Kopfschmerzen *dieser Art*) Sorge bereiten.

Der Unterschied zwischen einem einzelnen Ereignis (oder einem »Ereignistoken«, wie manchmal gesagt wird)[29] und einem *Typ* von Ereignissen ist ein Unterschied, wie er ontologisch und also philosophisch größer nicht sein könnte. Einzelne Ereignisse finden zu bestimmten Zeitpunkten oder Zeitintervallen statt und haben andere einzelne Ereignisse als ihre Ursachen und Wirkungen. Ereignistypen finden in *diesem* Sinn von »stattfinden«[30] *niemals* statt, sie werden von (eventuell vielen verschiedenen) einzelnen Ereignissen *exemplifiziert* oder *instantiiert.* Sie stehen daher auch nicht zu einzelnen Ereignissen in der Beziehung von Ursache und Wirkung. Diesen Unterschied nicht zu beachten ist also, philosophisch gesehen, alles andere als harmlos. Tatsächlich wird sich zeigen, dass sich auf ihm eine Unterscheidung zwischen zwei unterschiedlichen Arten des Materialismus in der Philosophie des Geistes gründen lässt.[31]

Das Mentale ist, das haben wir in diesem Kapitel gesehen, ontologisch heterogen. Es umfasst Dinge, die hinsichtlich ihrer Zeitlichkeit etwa so verschieden sind wie mein gestriger Sturz und meine Staatsangehörigkeit. Der Ausgangspunkt für unsere Überlegungen war die traditionelle Idee, dass das Mentale etwas Zeitliches ist. Im Zuge ihrer Durchführung scheinen wir diese Idee jedoch in einer gewissen Weise hinter uns gelassen zu haben, denn es hat sich gezeigt, dass mentale Zustände wie Überzeugungen oder Tugenden nur in dem weiten Sinn zeitlich sind, in dem der zeitweise Besitz von Eigenschaften etwas Zeitliches ist. Das könnte uns an der traditionellen Bestimmung des Mentalen zweifeln lassen. Es könnte aber auch Anlass sein, weiter über das Verhältnis von mentalen Zuständen zu mentalen Ereignissen nachzudenken. Wir werden das tun, aber an späterer Stelle, wenn wir über die Frage der *Einheit* des Mentalen nachdenken, über die Frage, ob es ein einziges Merkmal gibt, dessentwegen wir all die verschiedenen Arten mentaler Zustände und Ereignisse einheitlich als *mental* begreifen.

Bevor wir aber dieser Frage nachgehen, ist es wichtig, uns zunächst mit den beiden wichtigsten Kandidaten für ein solches Merkmal des Mentalen vertraut zu machen. Es handelt sich hierbei um die beiden zentralen Eigenschaften mentaler Zustände und

Ereignisse oder, wie man auch sagen könnte, die beiden zentralen »mentalen Phänomene«: Den mentalen Gehalt und das phänomenale Bewusstsein. Da eine einflussreiche philosophische Auffassung phänomenalen Bewusstseins von der Idee des mentalen Gehalts Gebrauch macht, die gängigen Auffassungen mentalen Gehalts aber nicht von phänomenalem Bewusstsein reden, ist es sinnvoll, mit dem mentalen Gehalt zu beginnen.

3. Mentaler Gehalt

Es gehört zum Wesen vieler mentaler Zustände und Ereignisse, dass sie von der Welt handeln und diese, wie wir sagen können, *als auf eine bestimme Art und Weise seiend darstellen.* Ich glaube, dass auf einem der Äste des Baums vor meinem Fenster ein Vogel sitzt, ich erinnere mich an das gestrige Gespräch mit meiner Tochter und bedaure, dass ich ungerecht gewesen bin, ich habe Angst, dass der Nachbarshund mich beißen wird. Dass wir in der Lage sind, unsere Umwelt mental als auf eine bestimmte Art und Weise seiend zu repräsentieren, ermöglicht eine Reihe von Fähigkeiten, die im Mittelpunkt unseres Selbstverständnisses als geistige Wesen stehen. So können wir uns räumlich und zeitlich entfernte Dinge gedanklich *vergegenwärtigen* oder die Welt *anders* repräsentieren, als sie in Wirklichkeit ist, etwa um verschiedene Handlungsalternativen zu erwägen. Dieses Phänomen – die Eigenschaft einiger mentaler Zustände und Ereignisse, die Welt als auf eine bestimmte Art und Weise seiend darzustellen – ist das Phänomen des mentalen (oder »repräsentationalen«) Gehalts.

In unserer Alltagspsychologie manifestiert sich das Phänomen des mentalen Gehalts in der Form der Sätze, mit denen wir von vielen Arten mentaler Zustände und Ereignisse berichten: So sagen wir, dass jemand glaubt, hofft, wünscht, befürchtet, Angst hat, bezweifelt, beabsichtigt usw., *dass das und das der Fall ist.* Das, was durch den Inhaltssatz solcher Zuschreibungen angegeben wird, ist offenbar gerade der *Gehalt* des jeweiligen mentalen Zustands oder Ereignisses. Wenn sich der Gehalt (oder ein Teil des Gehalts) eines mentalen Zustands oder Ereignisses in dieser Weise in Form eines *Satzes* angeben lässt, sprechen wir auch von einem *satzförmigen* oder *propositionalen* Gehalt. Mentale Zustände und Ereignisse mit einem propositionalen Gehalt werden oft auch als *propositionale Einstellungen* bezeichnet, ich werde im Folgenden meist weniger technisch von *Gedanken* reden.

Man kann bezweifeln, dass mentaler Gehalt generell propositionaler Natur ist. Anlass für diesen Zweifel ist insbesondere die *sinnliche Wahrnehmung*. Einerseits scheinen Wahrnehmungserlebnisse, wie etwa das Sehen eines roten Kreises, die Welt als auf eine bestimmte Art und Weise seiend darzustellen und also einen Gehalt zu besitzen, andererseits lässt sich der vollständige Gehalt eines Wahrnehmungserlebnisses aber wohl nur unzureichend in Form von Sätzen wiedergeben: Wahrnehmungserlebnisse scheinen die Welt auf eine viel feinkörnigere und reichhaltigere Weise zu repräsentieren, als sich dies durch noch so viele Sätze zum Ausdruck bringen ließe. Wir werden auf das Phänomen der Wahrnehmung und die Frage des Gehalts von Wahrnehmungen im sechsten Kapitel zu sprechen kommen, in diesem Kapitel werden wir uns auf den propositionalen Gehalt, den Gehalt von Gedanken, beschränken.

Mentaler Gehalt ist eines der zentralen mentalen Phänomene, und eine philosophische Erklärung mentalen Gehalts bildet eine der wichtigsten Unternehmungen der Philosophie des Geistes. Bevor wir versuchen, uns einen Überblick über die Vielzahl der verschiedenen philosophischen Theorien mentalen Gehalts zu verschaffen, gilt es, das Phänomen selbst noch genauer in den Blick zu bekommen. Das gelingt am besten, indem man unser alltagspsychologisches Verständnis paradigmatischer Arten gehaltvoller mentaler Zustände untersucht. Wir werden daher im nächsten Abschnitt unser alltagspsychologisches Verständnis von Gedanken und ihrem Gehalt rekonstruieren und dann in zwei darauffolgenden Abschnitten zwei Abgrenzungen vornehmen: Mentalen Gehalt werden wir von dem oftmals mit ihm zusammengeworfenen Phänomen der Intentionalität unterscheiden, Gedanken im alltagspsychologischen Sinn von den oftmals mit ihnen zusammengeworfenen sogenannten »mentalen Repräsentationen«, wie sie in der gegenwärtigen Psychologie und Kognitionswissenschaft eine zentrale Rolle spielen.

3.1 Der Gehalt von Gedanken

Als Gedanken, so hatte ich gesagt, können wir jene Dinge bezeichnen, die wir uns und anderen durch Sätze der Form

(Z) S glaubt (wünscht, befürchtet, hofft usw.), dass *p*.

zuschreiben. Eine philosophische Untersuchung von Gedanken und deren Gehalt kann bei einer Untersuchung der Funktionsweise dieser Redewendungen ansetzen.

Aussagen der Form (Z) bilden das Herzstück unserer alltagspsychologischen Erklärungen des vernünftigen Denkens und Handelns von Personen.[32] Wenn wir verstehen wollen, warum jemand etwas getan hat oder warum jemand etwas glaubt, dann stützen sich unsere Erklärungen oft explizit, immer aber zumindest implizit, auf Aussagen dieser Form. Peter läuft zur Bushaltestelle, weil er gesehen hat, dass der Bus schon um die Ecke biegt, er den Bus unbedingt noch erreichen möchte und er glaubt, ihn zu verpassen, wenn er nicht läuft.[33] Diese Erklärung bringt Peters Überzeugungen, dass der Bus schon um die Ecke biegt und dass er ihn nur erreichen kann, wenn er läuft, und Peters Wunsch, dass er den Bus erreicht – drei propositionale Einstellungen oder Gedanken in dem oben eingeführten Sinn – ins Spiel, um sein Verhalten verständlich zu machen. Nun hätte die Erklärung auch lauten können, dass Peter läuft, weil der Bus, den er unbedingt erreichen muss, bereits um die Ecke biegt und er ihn nur noch erreichen kann, wenn er läuft. Hier scheinen Peters Gedanken keine Rolle zu spielen. Aber das stimmt nicht. Dass der Bus um die Ecke biegt, ist für eine Erklärung von Peters Verhalten als eines vernünftigen Verhaltens offenbar nur dann relevant, wenn Peter genau das auch *bemerkt*. (Analoges gilt für die anderen Tatsachen, von denen die Erklärung Gebrauch macht.) Auch wo Peters Gedanken nicht explizit in einer Erklärung seines Verhaltens als eines vernünftigen Verhaltens erwähnt werden, beruht die Erklärung offenbar implizit darauf, dass ihm diese unterstellt werden. Diese Form des Verstehens von Verhalten als eines vernünftigen Verhaltens ist vielleicht die hervorstechendste Leistung unserer Rede von Gedanken.

Ontologisch gesehen zerfallen die Gedanken – gemäß der im letzten Kapitel entwickelten Typologie – vor allem in zwei Klassen: in mentale Zustände wie Überzeugungen, Wünsche oder Absichten einerseits und in mentale Ereignisse wie Urteile, Einfälle, Entscheidungen oder Erinnerungen andererseits. Meine Überzeugung etwa, dass Barak Obama Präsident der USA ist, ist ein Zustand, der für eine bestimmte Zeit besteht; meine Entscheidung, noch einen Kaffee zu trinken, hingegen ist etwas, das sich zu einem bestimmten Zeitpunkt ereignet. Wir werden später noch Gelegenheit haben, etwas genauer auf das Verhältnis von Ereignissen und Zuständen dieser Art einzugehen.[34] Bis dahin werden wir, wenn es darauf ankommt, dem Unterschied terminologisch dadurch Rechnung tragen, dass wir das *Denken* eines Gedankens als ein Ereignis von dem *Haben* eines Gedankens als einem Zustand unterscheiden.

Gedanken, so wie ich sie hier begreife, haben *per definitionem* einen Gehalt. Bevor wir uns diesem zuwenden, sollten wir aber noch kurz auf einen zweiten Aspekt von Gedanken zu sprechen kommen, den wir als ihren *Modus* bezeichnen können. Hierbei handelt es sich schlicht darum, dass wir in unserer Rede über Gedanken zwischen unterschiedlichen *Arten* von Gedanken – Überzeugungen, Urteilen, Hoffnungen, Wünschen, Erwartungen, Zweifeln usw. – unterscheiden. Mit gewissen Einschränkungen können Modus und Gehalt von Gedanken unabhängig voneinander variieren.[35] Die Unterscheidung zwischen Modus und Gehalt erweist sich für unsere Alltagspsychologie als unverzichtbar: Die eben gegebene Erklärung von Peters Verhalten etwa beruht darauf, dass Peter glaubt, dass etwas, das er zugleich will – dass er den Bus erreicht –, nur unter bestimmten Bedingungen möglich ist. Wenn nicht ein und derselbe Gehalt sowohl der Gehalt eines Wunsches als auch einer Überzeugung sein könnte, wäre nicht zu sehen, wie wir uns Peters Verhalten als ein vernünftiges Verhalten verständlich machen könnten.

Ich hatte in der Einleitung gesagt, dass eine grundlegende Art und Weise, wie die Philosophie des Geistes Einsichten in ihren Gegenstand gewinnen kann, darin besteht, die Form unserer alltäglichen Rede über Mentales zu untersuchen.[36] Dieses Vorgehen hat uns bereits bei unseren Überlegungen zur Ontologie des Mentalen gute Dienste geleistet. Wir wollen nun sehen, was sich durch eine Untersuchung von Gedankenzuschreibungen der Form (Z) über das Phänomen des mentalen Gehalts herausfinden lässt.

Eine erste Besonderheit von Gedankenzuschreibungen besteht darin, dass sie *zwei Lesarten* zulassen, die üblicherweise als *de re-* und *de dicto*-Lesart bezeichnet werden. Man kann eine Äußerung des Satzes »Ödipus glaubt, dass seine Mutter begehrenswert ist« so verstehen, dass man mit ihr lediglich sagt, dass Ödipus *von* seiner Mutter glaubt, dass diese begehrenswert ist (*de re*-Lesart). In dieser Lesart schreiben wir Ödipus mit dieser Äußerung allerdings gar keinen *bestimmten Gedanken* zu, sondern sagen von ihm nur, dass er einen Gedanken einer *bestimmten Klasse* von Gedanken hat – einen der unbestimmt vielen Gedanken, mit denen man von der Person, die Ödipus' Mutter ist, denken kann, dass sie begehrenswert ist. Zwei Elemente dieser Klasse wären etwa der Gedanke, dass Iokaste begehrenswert ist, und der Gedanke, dass die Exkönigin von Theben begehrenswert ist. Damit man mit »Ödipus glaubt, dass seine Mutter begehrenswert ist« sagt, *welchen* Gedanken aus dieser Klasse Ödipus nun *tatsächlich* hat, müssen wir diesen Satz so lesen, dass er nicht nur angibt, *von welchem Gegenstand* der Gedanke handelt, sondern dass er zugleich die besondere *Art und Weise* angibt, *in der* Ödipus *an diesen Gegenstand denkt*, bzw. angibt, *als was* Ödipus *diesen Gegenstand im Denken begreift*, oder angibt, welche *Begriffe im Denken des Gedankens zur Anwendung gekommen sind* (*de dicto*-Lesart).

Der deutsche Sprachphilosoph Gottlob Frege hat, in einem etwas anderen Kontext, den Begriff einer »Art des Gegebenseins« von Gegenständen eingeführt, um diesen Unterschied zu markieren.[37] Ihm ging es darum zu begreifen, dass und in welcher Weise der Gehalt eines *sprachlichen Ausdrucks* sich nicht in seinem *Bezug auf Gegenstände* erschöpft.[38] Zwei Namen wie »Morgenstern« und »Abendstern«, die auf *ein und denselben* Gegenstand Bezug nehmen, müssen sich in dem Beitrag unterscheiden, den sie zum Gehalt der Sätze beisteuern, in denen sie vorkommen. Andernfalls hätten die Sätze »Der Abendstern ist der Morgenstern« und »Der Abendstern ist der Abendstern« *denselben* Gehalt und wir könnten nicht mehr erklären, warum diese Sätze einen so unterschiedlichen »Erkenntniswert« haben, wie Frege es nannte: Warum wir etwa den einen unabhängig von aller Erfahrung für wahr halten müssen, den anderen aber nicht. Die Dimension des Gehalts, die für diesen Unterschied verantwortlich ist, nannte Frege den »Sinn« eines sprachlichen Ausdrucks, und er charakterisierte sie dadurch, dass in ihr die »Art des Gegebenseins« des Bezugsgegenstands »enthalten« sei.[39]

Die Frege'sche Unterscheidung zwischen Sinn und Bezug sprachlicher Ausdrücke ermöglicht folgende Beschreibung der unterschiedlichen Eigenschaften der beiden Lesarten von Gedankenzuschreibungen: Wenn wir Zuschreibungen *de re* interpretieren, dann hängt ihre Wahr- oder Falschheit ausschließlich von dem *Bezug* der sprachlichen Ausdrücke ab, die wir zur Angabe des Gehalts des zugeschriebenen Gedankens verwenden. Wenn wir Zuschreibungen *de dicto* interpretieren, dann hängt ihre Wahr- oder Falschheit außerdem davon ab, *welchen Sinn* diese Ausdrücke haben. Die Ersetzung eines Ausdrucks im Inhaltssatz der Zuschreibung (»Iokaste«) durch einen anderen Ausdruck mit demselben Bezug, aber einem anderen Sinn (»Ödipus' Mutter«; »die Exkönigin von Theben«) kann aus einer *wahren* eine *falsche* Zuschreibung machen. Technisch gesprochen bilden die Inhaltssätze von Zuschreibungen in der *de dicto*-Lesart *nicht-extensionale* oder *intensionale* »Kontexte«, was heißt: Sätze, deren Wahr- oder Falschheit nicht allein von dem *Bezug* (der *Extension*) der Ausdrücke abhängt, aus denen sie bestehen.[40]

Um von dieser Beobachtung zu einer Einsicht über das Wesen von Gedanken und ihrem Gehalt zu gelangen, müssen wir der Frage nachgehen, *warum* die sprachlichen Wendungen, mit denen wir Gedanken zuschreiben, intensionale Kontexte enthalten. Die naheliegende Antwort lautet, dass wir anderenfalls nicht in der Lage wären, in der richtigen Weise zwischen verschiedenen ›*Dingen*‹ zu unterscheiden, die wir mit diesen Zuschreibungen zuschreiben wollen. Auch wenn Iokaste und Ödipus' Mutter ein und dieselbe Person sind und daher die *Tatsache*, dass Ödipus' Mutter begehrenswert ist, und die Tatsache, dass Iokaste begehrenswert ist, ein und dieselbe Tatsache sind, ist doch Ödipus' Überzeugung, dass seine Mutter begehrenswert ist, offenbar eine ganz *andere* Überzeugung als die, dass Iokaste begehrenswert ist. Und da diese beiden Gedanken denselben Modus besitzen, muss dieser Unterschied ein Unterschied des Gehalts dieser beiden Gedanken sein. Gedanken und ihre Gehalte, heißt das, sind nun einmal so beschaffen, dass ihre *Identität* nicht nur davon abhängt, von welchen Gegenständen sie handeln, sondern eben auch gerade davon, *auf welche Art* diese Gegenstände im Denken gegeben sind. Und deshalb müssen die Sätze, mit denen wir Gedanken zuschreiben, wenn sie ihren Zweck erfüllen sollen, ebenfalls so beschaffen sein, dass ihre Wahrheit nicht nur davon abhängt, von welchen Gegenständen die Inhaltssätze handeln, sondern davon, auf welche Art diese Gegenstände durch den Sinn der entsprechenden Ausdrücke gegeben sind.

Terminologisch können wir die Unterscheidung zwischen den Gegenständen, von denen Gedanken handeln, und der »Art des Gegebenseins« dieser Gegenstände auf zweierlei Weise mit der Rede von mentalem Gehalt in Verbindung bringen: Wir können festsetzen, dass es sich hier um *zwei Aspekte* mentalen Gehalts handelt, oder wir können den mentalen Gehalt eines Gedankens mit der Art des Gegebenseins identifizieren und von den Gegenständen, von denen der Gedanke handelt, unterscheiden. Da wir in vielen Fällen auch dann sagen würden, dass wir wissen, *welche Gedanken* jemand hat (und damit auch, welches der Gehalt seiner Gedanken ist), wenn wir keine Ahnung haben, von *welchen Gegenständen* seine Gedanken handeln (oder ob sie überhaupt von irgendwelchen Gegenständen handeln), sollten wir die zweite Möglichkeit wählen. Wir können dann das Ergebnis des letzten Absatzes so formulieren, dass Gedanken durch ihre Gehalte individuiert sind, und nicht durch die Gegenstände, von denen sie handeln oder auf die sie sich beziehen, oder durch die Tatsachen, die bestehen, wenn sie wahr sind.

Es ist entscheidend zu sehen, dass dieses Merkmal von Gedanken nicht nur *irgendein* mehr oder weniger interessantes Merkmal ist, sondern zum *Kern unseres alltagspsychologischen Begriffs des Denkens als der Grundlage vernünftigen Verhaltens gehört.* Das sieht man daran, dass Zuschreibungen ihre übliche Rolle für die Erklärung von Verhalten *nur* in ihrer *de dicto*-Lesart spielen können. Der Reiz der Geschichte von Ödipus basiert nicht zuletzt darauf, dass die Überzeugung, mit Iokaste verheiratet zu sein, und die Überzeugung, mit seiner eigenen Mutter verheiratet zu sein, auch dann sehr unterschiedliche Verhaltensweisen vernünftig erscheinen lassen, wenn Iokaste zufällig – oder in Ödipus' Fall wohl besser: schicksalhafterweise – die eigene Mutter *ist.*

Die Art und Weise, wie wir Gedanken und ihre Gehalte *individuieren* (identifizieren und voneinander unterscheiden), harmoniert offenbar ausgezeichnet mit der Art und Weise, wie wir Verhalten als ein vernünftiges Handeln erklären. Das kann kein glücklicher Zufall sein. Vielmehr muss dies ein Ausdruck der Tatsache sein, dass es *zum Wesen* von Gedanken gehört, dass sie die mentalen Zustände und Akte *vernünftiger* Wesen sind. Das zeigt sich auch darin, dass wir das grundlegende Prinzip, nach dem wir Gedanken und ihre Gehalte voneinander unterscheiden, genau mithilfe des Begriffs der Rationalität zum Ausdruck bringen können. Wir können dieses Prinzip so formulieren:[41]

> (P) Wenn jemand *vernünftigerweise* gleichzeitig für wahr halten kann, dass *p*, und für falsch halten kann, dass *q*, dann ist der Gehalt, dass *p*, ein anderer Gehalt als der Gehalt, dass *q*.

Wir können wiederum an Ödipus' Fall veranschaulichen, wie (P) funktioniert: Da Ödipus es vernünftigerweise gleichzeitig sowohl für falsch halten kann, dass seine Mutter begehrenswert ist, als auch für wahr, dass Iokaste begehrenswert ist, haben diese beiden Gedanken einen unterschiedlichen *Gehalt* und sind also verschiedene *Gedanken*, obwohl Iokaste Ödipus' Mutter *ist* und die entsprechenden *Tatsachen* sich daher *nicht* unterscheiden.

Wenn wir das Phänomen des mentalen Gehalts verstehen wollen, so können wir die bisherigen Überlegungen resümieren, müssen wir zweierlei verstehen: Wir müssen *erstens* verstehen, was es heißt, die Welt als auf eine bestimmte Art und Weise seiend darzustellen, worin also mentaler Gehalt überhaupt besteht. Und wir müssen *zweitens* verstehen, was es heißt, die Welt auf eine so differenzierte Art und Weise darzustellen, dass zwei verschiedene Gedanken ein und dieselbe Tatsache darstellen können.

Bevor wir einen Blick auf die verschiedenen Ansätze zu einer philosophischen Erklärung mentalen Gehalts werfen, ist es wichtig, die beiden eng verwandten Begriffe des Gedankens und des mentalen Gehalts von zwei anderen Begriffen abzugrenzen, die oftmals mit ihnen zusammengeworfen werden. Im nächsten Abschnitt werden wir dem Verhältnis von mentalem Gehalt und Intentionalität nachgehen, im übernächsten Abschnitt dem von Gedanken und mentalen Repräsentationen.

3.2 Gehalt und Intentionalität

Das Phänomen des mentalen Gehalts wird gelegentlich mit dem Phänomen der *Intentionalität* identifiziert und der Gehalt von Gedanken auch oft als *intentionaler* Gehalt bezeichnet.[42] Diese Gleichsetzung ist, wie wir sehen werden, nicht unbedingt glücklich, da sie uns einer begrifflichen Unterscheidung beraubt, die eventuell hilfreich ist. In jedem Fall aber ist es wichtig, den Zusammenhang des hier eingeführten Begriffs des Gehalts zu dem in der philosophischen Literatur verbreiteten Begriff der Intentionalität zu klären.

Für die Popularität des Begriffs der *Intentionalität* in der Philosophie des Geistes des 20. Jahrhunderts ist vor allem Franz Brentano verantwortlich. In seinem Hauptwerk *Psychologie vom empi-*

rischen Standpunkte (1874) schreibt Brentano folgende berühmte Passage:

»Jedes psychische Phänomen ist durch das gekennzeichnet, was die Scholastiker des Mittelalters die intentionale (wohl auch mentale) Inexistenz eines Gegenstandes genannt haben, und was wir, obwohl mit nicht ganz unzweideutigen Ausdrücken, die Beziehung auf einen Inhalt, die Richtung auf ein Object (worunter hier nicht eine Realität zu verstehen ist), oder die immanente Gegenständlichkeit nennen würden. Jedes enthält etwas als Object in sich, obwohl nicht jedes in gleicher Weise. In der Vorstellung ist etwas vorgestellt, in dem Urtheile ist etwas anerkannt oder verworfen, in der Liebe geliebt, in dem Hasse gehasst, in dem Begehren begehrt u.s.w.

Diese intentionale Inexistenz ist den psychischen Phänomenen ausschließlich eigenthümlich. Kein physisches Phänomen zeigt etwas Aehnliches. Und somit können wir die psychischen Phänomene definiren, indem wir sagen, sie seien solche Phänomene, welche intentional einen Gegenstand in sich enthalten.«[43]

Wir werden die am Ende dieser Passage vertretene These, dass Intentionalität das Merkmal des Mentalen ist – dasjenige ist, was »den psychischen Phänomenen ausschließlich eigenthümlich« ist, wie Brentano sagt –, im fünften Kapitel diskutieren. Hier geht es uns zunächst um Brentanos Gebrauch des Ausdrucks »Intentionalität«. Das Zitat von Brentano enthält drei Charakterisierungen der Bedeutung von »Intentionalität«, von denen zunächst unklar ist, wie sie sich zueinander verhalten, und die er allesamt als »nicht ganz unzweideutig« bezeichnet und als »die Beziehung auf einen Inhalt«, »die Richtung auf ein Object (worunter hier nicht eine Realität zu verstehen ist)« und »die immanente Gegenständlichkeit« beschreibt. In den gegenwärtigen Debatten der Philosophie des Geistes spielt die dritte Charakterisierung praktisch keine Rolle mehr, während die ersten beiden aufgenommen und in der Regel – in loser Anknüpfung an Brentano – auf mehr oder weniger dieselbe Weise verstanden werden.[44] Beginnen wir mit Brentanos zweiter Charakterisierung der Intentionalität als »Richtung auf ein Objekt« oder als *Gerichtetheit.*

Viele geistige Ereignisse und Zustände können ganz zwanglos so beschrieben werden, dass sie *auf einen Gegenstand gerichtet* sind: Ich fürchte mich *vor einem Gegenstand*, ich stelle mir *einen Gegenstand vor*, denke *an einen Gegenstand* usw. Auch wenn diese Rede von Gerichtetheit mit Bezug auf viele Beispiele intuitiv recht gut nachvollziehbar scheint, ist sie doch bei genauerem Hinsehen nicht leicht zu verstehen. Ein zentrales Verständnisproblem lässt sich verdeutlichen, wenn man Brentanos Einschränkung ernst nimmt, dass unter dem Objekt der Gerichtetheit »hier nicht eine Realität zu verstehen ist«. Unser anfänglicher Eindruck zu wissen, wovon die Rede ist, wenn von der Gerichtetheit mentaler Zustände die Rede ist, beruhte sicherlich zu einem guten Teil gerade auf jenen Fällen, in denen ein *realer Gegenstand existiert*, vor dem wir Angst haben, den wir uns vorstellen oder an den wir denken. Nun erfahren wir, dass die Beziehung, die wir in diesen Fällen zu dem *realen* Gegenstand unterhalten, *nicht* die Beziehung der Intentionalität sein kann, da der Gegenstand der Intentionalität, wie Brentano sagt, »nicht eine Realität« sein soll. Warum Brentano sich gezwungen sieht, diese seltsame These zu vertreten, ist immerhin leicht einzusehen. Denn oft beschreiben wir mentale Zustände als eine »Angst vor a« oder eine »Liebe zu b« oder ein »Denken an c«, ohne dass wir glauben, dass die Ausdrücke, die durch »a«, »b« oder »c« ersetzt wurden, auf »eine Realität« Bezug nehmen. Wenn wir von jemandem sagen, dass er sich »vor dem Teufel fürchtet«, dann legen wir uns damit nicht auf die Existenz des Teufels fest, wenn wir sagen, dass jemand »sich Pegasus vorstellt«, nicht auf die Existenz von Pegasus, und wenn wir sagen, dass jemand »an Drachen denkt«, nicht auf die Existenz von Drachen. Nicht nur legen wir uns nicht auf die Existenz dieser Gegenstände fest, unsere Beschreibung der mentalen Zustände und Ereignisse als auf diese Gegenstände gerichtet ist darüber hinaus völlig damit vereinbar, dass wir der Meinung sind, diese Gegenstände existierten überhaupt nicht.

Dass es einen guten Grund zu geben scheint, Intentionalität als Gerichtetheit auf etwas zu bestimmen, das »nicht eine Realität« ist, lindert aber nicht die Konsequenzen dieser Bestimmung. Denn es gilt offenbar für Relationen im Allgemeinen, dass sie in einem einzelnen Fall nur dann bestehen können, wenn die entsprechenden Relata, die durch sie in eine Beziehung gesetzt werden, existieren. Es kann sich nur dann jemand im Wohnzimmer am Tisch gestoßen haben, wenn zu dem entsprechenden Zeitpunkt ein Mensch und ein Tisch im Wohnzimmer waren. Es kann nur dann zu einem bestimmten Zeitpunkt an einem bestimmten Ort eine Waffe auf eine Person gerichtet sein, wenn zu diesem Zeitpunkt an diesem Ort eine Waffe und eine Person existieren. Der amerikanische Philosoph John Searle hat die Ausnahmestellung der Intentionalität einmal dadurch zum Ausdruck zu bringen versucht, dass er sie »keine gewöhnliche Beziehung«[45] genannt hat. Aber das ist sicherlich untertrieben: Wenn die Intentionalität *allein* sich von allen anderen Beziehungen dadurch unterscheidet, dass sie auch dann noch bestehen kann, wenn ihr eines Relatum nicht existiert, sollte uns das wohl eher Anlass geben zu bezweifeln, dass es sich hier überhaupt um eine Beziehung handelt.[46]

Eine zweite Schwierigkeit bei dem Verständnis von Intentionalität als Gerichtetheit lässt sich vielleicht so beschreiben, dass unser Eindruck zu verstehen, was damit gemeint ist, durch die Auswahl der Beispiele zustande kommt. Betrachten wir andere Beispiele, so kommen uns Zweifel, ob wir tatsächlich verstehen, wovon die Rede ist: Worauf soll der Gedanke »gerichtet« sein, dass niemand eine Insel ist? Worauf meine Angst davor, irgendwann einmal nicht mehr zu existieren? Worauf meine Hoffnung, dass mir jemand hilft? Da die Antworten »Niemand«, »Nichtexistenz« und »Jemand« allesamt nicht helfen, da sie keine Gegenstände nennen, auf die etwas »gerichtet« sein könnte, wird oft dazu übergegangen, in *abstrakten* Gegenständen wie den *Propositionen*, dass niemand eine Insel ist, dass ich irgendwann einmal nicht mehr existieren werde oder dass mir jemand hilft, Ausflucht zu suchen. In diesem Sinn lässt sich eventuell auch Brentanos erste Bestimmung verstehen, dass Intentionalität eine »Beziehung auf einen Inhalt« sei. Aber das ist wenig hilfreich. Denn sicherlich ist meine Angst, dass mich der Nachbarshund beißt, in einem ganz anderen *Sinn* von »gerichtet« auf die *Proposition* gerichtet, dass mich der Nachbarshund beißt, als meine Angst vor dem Nachbarshund auf den *Nachbarshund* gerichtet ist. Propositionen und Hunde scheinen einfach zu unterschiedliche Arten von Gegenständen zu sein, als dass meine mentalen Zustände und Ereignisse auf beide in demselben Sinn von »gerichtet« gerichtet sein könnten.

Anstatt den intuitiven Unterschied zwischen dem Haben eines Gehalts und der Gerichtetheit auf einen Gegenstand durch die Rede davon, dass Gedanken auf ihre Gehalte gerichtet sind, zu verwischen, sollten man eher versuchen, den Zusammenhang zwischen diesen beiden Phänomenen zu bestimmen. Wir werden daher im Folgenden den Ausdruck »Intentionalität« für das Phänomen der Gerichtetheit von mentalen Ereignissen und Zuständen reservieren und davon ausgehen, dass es sich von dem Phänomen des mentalen Gehalts unterscheidet.[47]

3.3 Gedanken und mentale Repräsentationen

In der gegenwärtigen Philosophie des Geistes ebenso wie in der Psychologie und der Kognitionswissenschaft ist wenig von Gedanken, aber viel von *mentalen Repräsentationen* die Rede. Insbesondere Theorien des mentalen Gehalts werden heute in der Regel als Theorien des Gehalts mentaler Repräsentationen formuliert. Wer versuchen möchte, den gegenwärtigen Debatten um den mentalen Gehalt zu folgen, muss sich daher zunächst klarmachen, wie die Rede von mentalen Repräsentationen zu verstehen ist und wie sich dieser technische Begriff zu unserem alltäglichen Begriff des Gedankens verhält. Das wollen wir in diesem Abschnitt anhand einer kurzen Betrachtung der sogenannten »Repräsentationalen Theorie des Mentalen« (oft und im Folgenden auch kurz »RTM« genannt) tun.

Wie bereits der Name sagt, sind mentale Repräsentationen – ebenso wie Gedanken in dem oben festgelegten Sinn – dadurch definiert, dass sie einen repräsentationalen Gehalt besitzen, die Welt als auf eine bestimmte Weise seiend darstellen. Anders als der Begriff des Gedankens verhält sich der Begriff der mentalen Repräsentation aber nicht neutral gegenüber der Frage der *körperlichen Realisierung* mentaler Ereignisse und Zustände. Mentale Repräsentationen sind zwar einerseits mentale Zustände und Ereignisse, insofern sie einen mentalen Gehalt besitzen, sie sind aber andererseits auch *physische* Zustände und Ereignisse, insofern sie in Analogie zu schriftlichen und mündlichen sprachlichen Äußerungen als die *materiellen Träger* dieses Gehalts begriffen werden.

Im Zentrum der RTM steht das Postulat eines *Systems* mentaler Repräsentationen, einer sogenannten »Sprache des Geistes«. So wie die einzelnen Ausdrücke einer gesprochenen Sprache sich als materielle Dinge – Laute, Schriftzeichen oder Gesten – mit einer bestimmten Bedeutung und bestimmten syntaktischen Eigenschaften begreifen lassen, sollen die Ausdrücke der Sprache des Geistes – mentale Repräsentationen – als die materiellen Träger des mentalen Gehalts begriffen werden, die ebenfalls eine bestimmte syntaktische Form aufweisen. Wie in der gesprochenen Sprache Ausdrücke mit einem propositionalen Gehalt – die Sätze – nach syntaktischen Regeln aus kleineren Bestandteilen (grob gesprochen den Wörtern) nach bestimmten Regeln gebildet werden, werden in der Sprache des Geistes mentale Repräsentationen mit einem propositionalen Gehalt aus kleineren Bestandteilen (oft als »Begriffe« bezeichnet) nach bestimmten syntaktischen Regeln gebildet. Und wie für die gesprochene Sprache soll für die Sprache des Geistes gelten, dass der Gehalt der Sätze durch den Gehalt ihrer Teile und die Form ihrer Zusammensetzung bestimmt ist. Der wesentliche Unterschied zur gesprochenen Sprache besteht darin, dass die einzelnen Vorkommnisse der Sätze der Sprache des Geistes nicht von jemandem geäußert werden, sondern im Gehirn durch innere und äußere Einflüsse *verursacht* und dann weiter *verarbeitet*, also etwa nach bestimmten Regeln zu anderen Repräsentationen umgeformt werden.

Der Grundgedanke der RTM ist nun, dass sich das Denken von Gedanken in folgender Weise als das Hervorbringen von mentalen Repräsentationen verstehen lässt: Wann immer jemand einen Gedanken (einer bestimmten Art) mit einem bestimmten Gehalt denkt, ereignet sich in seinem Gehirn eine mentale Repräsentation (einer bestimmten Art) mit diesem Gehalt. Es mag zunächst seltsam klingen, davon zu reden, dass sich eine Repräsentation »ereignet«, aber wenn der Bezug auf mentale Repräsentationen das Denken eines Gedankens als ein mentales Ereignis erklären können soll, dann müssen auch mentale Repräsentationen den Charakter von Ereignissen haben können.

Es mag helfen, dies an einem einfachen Modell zu veranschaulichen. Wir können uns vorstellen, dass sich in unserem Gehirn wie gelegentlich in Schaufenstern oder den Werken der Künstlerin Jenny Holzer ein LED-Leuchtband befindet, das aus vielen kleinen Lämpchen besteht, auf dem Sätze bis zu einer bestimmten Länge aufleuchten können. Das Denken eines Gedankens würde dann darin bestehen, dass auf diesem Band ein Aussagesatz aufleuchtet, der einen bestimmten Gehalt besitzt. Da wir Gedanken verschiedenster Arten denken können, müssen wir uns vorstellen, dass in unserem Gehirn für jede Art von Gedanken ein solches Leuchtband zur Verfügung steht. Wenn ich urteile, dass es regnet, leuchtet ein Satz, der bedeutet, dass es regnet, auf meinem Urteilsband auf, wenn ich mich erinnere, dass ich meine Uhr im Badezimmer habe liegen lassen, leuchtet ein Satz, der bedeutet, dass ich meine Uhr im Badezimmer habe liegen lassen, auf meinem Erinnerungsband auf usw.[48] Die RTM lässt sich dann als das Versprechen verstehen, dass sich alle relevanten Aspekte dieses Modells in theoretische Erklärungen überführen lassen. An die Stelle des Aufleuchtens von Lämpchen setzt die Theorie neuronale Ereignisse mit einer bestimmten syntaktischen Form und einem bestimmten Gehalt. Was es heißt, dass ein neuronales Ereignis einen bestimmten Gehalt hat, muss im Rahmen einer Theorie des mentalen Gehalts erklärt werden, wie wir sie im nächsten Abschnitt behandeln. An die Stelle der verschiedenen Leuchtbänder kann die Theorie etwa eine Bestimmung charakteristischer *kausaler Rollen* setzen, die unterschiedliche Arten von Gedanken in unserer mentalen Ökonomie spielen. (Ein Urteil wird etwa durch andere Arten von mentalen und nicht-mentalen Ereignissen verursacht als eine Erinnerung und verursacht auch selbst andere Arten von Ereignissen.)

Die RTM hat eine Reihe von Tugenden, die wir nicht verschweigen wollen. Erstens beinhaltet sie (die Aussicht auf) eine empirisch-wissenschaftliche Theorie des Mentalen, die sich in erfreulicher Nähe zu unserer Alltagspsychologie bewegt und deren Erklärungen sich daher unmittelbar auf die mentalen Phänomene, die uns im Rahmen unseres Selbstverständnisses als geistige Wesen interessieren – wie das Denken und Haben von Gedanken oder das Wahrnehmen –, beziehen lassen.

Ein weiterer Vorzug der RTM liegt darin, dass sie zwanglose Erklärungen für bestimmte Aspekte der *Struktur* und *Organisation* von Gedanken zu liefern scheint. Die beiden wichtigsten dieser Aspekte werden als die »Produktivität« und »Systematizität« des Denkens bezeichnet. Unter der *Produktivität* des Denkens versteht man die Tatsache, dass die Anzahl von Gedanken, die wir denken können, astronomisch ist. Für jeden einer potenziell unendlichen Anzahl von verschiedenen Sätzen gilt, dass sich mit seiner Hilfe eine Zuschreibung der Form (Z) bilden lässt, die wahr sein kann. Die Herausforderung für eine Theorie des Denkens besteht darin zu erklären, wie endliche Wesen, wie wir es sind, eine solche Fähigkeit besitzen können. Unter der *Systematizität* des Denkens versteht man die Tatsache, dass unsere Fähigkeit, einen bestimmten Gedanken zu denken, mit der Fähigkeit einhergeht, eine Vielzahl anderer Gedanken verwandten Inhalts zu denken.[49] Um es an einem Beispiel zu illustrieren: Der menschliche Geist ist offenbar so beschaffen, dass jemand, der die Fähigkeit hat, den Gedanken zu denken, dass Maria Hans liebt, auch die Fähigkeit hat, den Gedanken zu denken, dass Hans Maria liebt. Produktivität und Systematizität des Denkens können nur dann zwanglos erklärt werden, wenn wir unser Denken in der Weise als *strukturiert* begreifen, dass es über eine endliche Anzahl von ›Gedankenbestandteilen‹ und eine endliche Anzahl von Regeln, nach denen sich die ›Bestandteile‹ zu Gedanken ›zusammensetzen lassen‹, verfügt. Die RTM tut offenbar genau das: Mentale Repräsentationen mit einem propositionalen Gehalt bestehen ihr zufolge aus einfacheren mentalen Repräsentationen mit einem einfacheren Gehalt, die nach bestimmten Regeln zusammengesetzt werden. (Und anders als mit Bezug auf Gedanken kann die Rede von »Bestandteilen« und »Zusammensetzung« mit Bezug auf die Ausdrücke der Sprache des Geistes tatsächlich *wörtlich* genommen werden, da es sich hier ja um materielle Träger des Gehalts handelt.) Der semantische Gehalt einer komplexen Repräsentation (etwa eines Gedankens) ergibt sich dann aus den Gehalten der einfachen Repräsentationen, aus denen sie zusammengesetzt ist, und ihrer syntaktischen Struktur. Auch wenn die Anzahl der einfachen Repräsentationen und der Möglichkeiten ihrer Kombination zu komplexen Repräsentationen überschaubar ist, muss das für die Menge der auf diese Weise herstellbaren komplexen Repräsentationen nicht gelten. Produktivität und Systematizität des Denkens folgen daher zwanglos.[50]

Die große Nähe, die die RTM zwischen empirisch-wissenschaftlichen Theorien der Kognition und unserem alltagspsychologischen Verständnis des Denkens herstellt, macht sie allerdings auch anfällig für Bedenken von beiden Seiten: Vonseiten der Kognitionswissenschaft besteht das generelle Bedenken, dass eine Theorie der Kognition, die sich dermaßen eng an die alltagspsychologische Konzeption des Denkens hält, keine angemessene Darstellung der kognitiven Prozesse gibt, die in Gehirnen wie den unseren ablaufen können. Hinsichtlich ihrer Auffassung unserer »kognitiven Architektur« ist die RTM daher vonseiten des sogenannten *Konnektionismus*, der mentale Repräsentationen als Zustände begreift, die über ganze neuronale Netze verteilt sind und sich nicht wie sprachliche Ausdrücke isolieren und kombinieren lassen, in den letzten Jahrzehnten stark unter Druck geraten.[51] Vonseiten einer unsere Alltagspsychologie ernst nehmenden Philosophie des Geistes lassen sich Bedenken in der entgegengesetzten Richtung erheben. Denn unserer Alltagspsychologie ist die

Idee, dass im Zuge des Denkens eines Gedankens ein materieller Träger des mentalen Gehalts mit einer bestimmten syntaktischen Struktur hervorgebracht wird, fremd. Das können wir uns klarmachen, wenn wir den Fall des Sagens, dass etwas der Fall ist, mit dem des Denkens, dass es der Fall ist, vergleichen. In beiden Fällen können wir ein bestimmtes Ereignis ausmachen – das Äußern eines Satzes, das Denken eines Gedankens –, das diesen Gehalt hat. Aber die parallele grammatische Konstruktion von »das Äußern eines Satzes« und »das Denken eines Gedankens« darf nicht über einen zentralen Unterschied zwischen diesen beiden Ereignissen hinwegtäuschen. Ich sage, dass es regnet, indem ich *einen Satz* äußere, der bedeutet, dass es regnet. Das Ereignis des Sagens, dass es regnet, hat seinen Gehalt dadurch, dass es – wie wir sagen können – *in der Hervorbringung eines Vehikels des Sagens* besteht, eben eines Satzes. Das Ereignis des Denkens, dass es regnet, hat dagegen – so scheint es zumindest – seinen Gehalt *unmittelbar*. Wenn ich *denke*, dass es regnet, dann – so scheint es zumindest – gibt es neben diesem Akt nicht noch einen weiteren ›Gegenstand‹, den ich durch diesen Akt hervorbringe, der dann der Träger des Gehalts ist, dass es regnet.[52]

Diese Überlegungen sind wichtig, insofern sie den *Status* der Rede von mentalen Repräsentationen deutlich machen: Die Annahme der Existenz mentaler Repräsentationen ist eine *theoretische Setzung*, die nur dann gerechtfertigt ist, wenn sich erstens bestimmte grundlegende Merkmale des Denkens von Gedanken (wie etwa dessen Produktivität und Systematizität) ohne diese Setzung nicht erklären lassen, und wenn zweitens keine besseren alternativen Erklärungen zu haben sind.[53]

Ein weiteres Problem der RTM besteht darin, dass die Ereignisse und Prozesse, die sie postuliert, um das Haben und Denken von Gedanken zu erklären, sich vollständig in dem rein deskriptiven Vokabular einer empirischen Wissenschaft einfangen lassen sollen. Wir haben es hier, wie wir auch sagen können, mit einer *naturalistischen* Erklärung von Gedanken zu tun. Wir werden zu einem späteren Zeitpunkt sehen, dass alle Auffassungen dieser Art mit grundlegenden Problemen behaftet sind.[54]

3.4 Philosophische Theorien mentalen Gehalts

Im ersten Abschnitt dieses Kapitels haben wir versucht, Grundzüge unserer intuitiven Konzeption des Gehalts von Gedanken zu rekonstruieren. Dabei sind vor allem zwei Aufgaben sichtbar geworden, die philosophische Theorien mentalen Gehalts zu lösen haben: Sie müssen *erstens* erklären, wie es Gedanken gelingt, die Welt als auf eine bestimmte Art und Weise seiend darzustellen, worin also mentaler Gehalt überhaupt besteht. Und sie müssen *zweitens* erklären, wie es Gedanken gelingt, die Welt auf eine so differenzierte Art und Weise darzustellen, dass zwei verschiedene Gedanken Darstellungen ein und derselben Tatsache sein können.

Philosophische Theorien mentalen Gehalts versuchen, diese (und andere) Fragen zu beantworten, indem sie jene Aspekte der Beschaffenheit der Welt und des Geistes namhaft machen, die wesentlich dazu beitragen, dass Gedanken den Gehalt besitzen, den sie besitzen, und die in diesem Sinn *konstitutiv* für mentalen Gehalt sind. Die Philosophie des Geistes hat eine Vielzahl verschiedener Theorien mentalen Gehalts hervorgebracht, die hier nicht alle diskutiert oder auch nur vorgestellt werden können. Wenn man versuchen möchte, einen ersten Überblick über die theoretische Landschaft zu gewinnen, ist es vielleicht ohnehin besser, nicht bei der Betrachtung konkreter Theorien zu beginnen, sondern mit dem Aufzeigen und Diskutieren grundlegender theoretischer *Alternativen*. Das wollen wir jedenfalls im Folgenden versuchen. Dabei wird sich herausstellen, dass für philosophische Auffassungen des Gehalts insgesamt das Problem besteht, beide der oben genannten Aufgaben gleichermaßen befriedigend zu lösen: Während die Lösung der ersten Aufgabe danach zu verlangen scheint, dem Verhältnis zwischen einzelnen Gedanken und den Aspekten der Welt, die sie repräsentieren, nachzuspüren, scheint die zweite Aufgabe auf das Verhältnis zu verweisen, das einzelne Gedanken zu anderen Gedanken und damit insgesamt zu der Struktur des Denkens vernünftiger Wesen unterhalten. Viele Auffassungen mentalen Gehalts betonen einen dieser beiden Aspekte auf Kosten des anderen oder enden damit, mentalen Gehalt in zwei mehr oder weniger voneinander unabhängige Komponenten aufzuspalten.

Atomistische und holistische Theorien des Gehalts

Es ist üblich geworden, philosophische Theorien mentalen Gehalts in *atomistische* und *holistische* Theorien einzuteilen. Diese Einteilung betrifft die Frage, ob einer Theorie zufolge mentaler Gehalt seinem Wesen nach so beschaffen ist, dass einzelne Gedanken (oder mentale Repräsentationen) eines Wesens ihren Gehalt jeweils vollständig *unabhängig* von dessen anderen Gedanken besitzen (Atomismus), oder ob mentaler Gehalt vielmehr immer nur *ganzen Zusammenhängen* von Gedanken – im Extremfall *allen* Gedanken eines denkenden Wesens – auf einmal zukommen kann (Holismus).[55]

Die Unterscheidung zwischen atomistischen und holistischen Theorien mentalen Gehalts gibt als solche allerdings noch wenig Aufschluss darüber, was die jeweiligen Theorien unter mentalem Gehalt verstehen. Hinter ihr verbirgt sich aber eine für diese Frage sehr viel aussagekräftigere Unterscheidung, die in den Vordergrund tritt, wenn wir uns fragen, *warum* der Gehalt von Gedanken den verschiedenen Theorien zufolge entweder atomistisch oder holistisch – unabhängig oder abhängig von einem Ganzen von Gedanken – verfasst sein soll. Wir stoßen dann auf der einen Seite auf die Idee, dass der Gehalt eines Gedankens *ausschließlich* durch solche Beziehungen konstituiert ist, die er *zu den Gegenständen unterhält, von denen er handelt* (Atomismus). Dem entgegengesetzt ist die Idee, dass sich der Gehalt eines Gedankens konstitutiv auch solchen Beziehungen verdankt, die er zu *anderen Gedanken* unterhält, mit denen er daher in einem für seine Existenz notwendigen Zusammenhang steht (Holismus).

Holistische Auffassungen mentalen Gehalts können sich auf einen zentralen Aspekt unserer Praxis der *Interpretation* denkender Wesen – der *Zuschreibung* von Gedanken zu anderen Denkerinnen und Denkern – berufen: Wenn wir glauben, dass jemand nicht in der Lage ist zu denken, dass vor ihm ein Säugetier sitzt, dann sollten wir auch zögern, ihm den Gedanken zuzuschreiben, dass vor ihm eine Katze sitzt. Allgemein gesprochen hängt unsere Berechtigung, einem Wesen *einen* Gedanken zuzuschreiben, davon ab, welche *anderen* Gedanken wir ihm zuzuschreiben bereit sind. Wir identifizieren Gedanken anscheinend dadurch, dass wir ihnen einen Platz in einem ganzen Netzwerk von Gedanken und Begriffen zuweisen.[56] Und diese Tatsache lässt sich am besten dadurch erklären, dass der Gehalt eines Gedankens genau *durch die Beziehungen konstituiert* wird, die er als Knotenpunkt eines solchen Netzwerks zu anderen Gedanken unterhält.

Atomistische Auffassungen mentalen Gehalts können sich andererseits auf die grundlegende Intuition berufen, dass unsere Gedanken in einem engen Verhältnis zu den Gegenständen in der Welt stehen, von denen ihre Gehalte handeln. Meine Überzeugung, dass eine Katze vorbeiläuft, fällt in der Regel mit dem Vorbeilaufen einer Katze zusammen, und meine Absicht, ein Erdbeereis zu essen, führt häufig zu einem Kontakt meiner Zunge mit einem Erdbeereis. Dieser Tatsache können wir am unmittelbarsten dadurch Rechnung tragen, dass wir – zumindest in den grundlegenden Fällen – mentalen Gehalt als etwas begreifen, das durch Beziehungen zwischen Gedanken und den Gegenständen, von denen sie handeln, konstituiert ist.

Allerdings müssen holistische Auffassungen keineswegs leugnen, dass Beziehungen zwischen Geist und Welt *neben* Beziehungen, die Gedanken und Begriffe untereinander unterhalten, *ebenfalls* für mentalen Gehalt konstitutiv sein können. Argumente für den Atomismus speisen sich daher in der Regel nicht aus einer diesem eigenen Erklärungskraft, sondern aus Problemen des Holismus. *Das* grundlegende Problem des Holismus besteht darin, der fest in unserer alltäglichen Praxis der Zuschreibung von Gedanken verankerten *Teilbarkeit* und *Stabilität* von mentalen Gehalten Rechnung zu tragen. Kurz lässt sich dieses Problem so darstellen:[57] Offenbar bestehen zwischen jeweils zwei Personen große Unterschiede hinsichtlich dessen, was sie glauben, hoffen, wünschen, befürchten usw. Wenn nun der Gehalt eines einzelnen Gedankens durch seinen Platz im Netzwerk der Gedanken einer Person konstituiert wäre, dann schiene es schwer verständlich, wie zwei Personen jemals auch nur einen einzigen Gedanken *desselben Gehalts* haben oder, anders gesagt, einen Gedanken *teilen* können. Dasselbe Problem ergibt sich, *mutatis mutandis*, für die *Stabilität* der Gedanken einer einzelnen Person über die Zeit hinweg: Wenn jeder einzelne Gedanke durch seine Beziehungen zu den anderen Gedanken einer Person konstituiert wäre, dann würde jede Veränderung im Netzwerk der Gedanken der Person, etwa die Aufgabe einer einzelnen Überzeugung, potenziell den Gehalt aller Gedanken dieser Person verändern. Dass viele Personen einen Gedanken teilen können und dass eine Person einige Gedanken unverändert behalten kann, während sie andere verwirft, sind aber grundlegende Züge unserer alltagspsychologischen Erklärungen. Es ist alles andere als ausgemacht, dass und wie holistische Auffassungen mentalen Gehalts der Teilbarkeit und Stabilität von Gedanken gerecht werden können.

Auch wenn allgemein anerkannt wird, dass der Holismus mit gewichtigen Problemen zu kämpfen hat, suchen nur wenige ihr Heil in einer radikal atomistischen Alternative. Das liegt daran, dass der Atomismus ebenfalls mit schwerwiegenden Problemen befrachtet ist. *Das* grundlegende Problem des Atomismus besteht darin, der oben erläuterten Feinheit der Unterschiede zwischen Gedanken und ihren Gehalten gerecht zu werden, die durch die Intensionalität von Gedankenzuschreibungen in ihrer *de dicto*-Lesart ebenfalls fest in unserer Alltagspsychologie verankert ist. Wenn es allein Beziehungen zwischen Gegenständen in der Welt und einzelnen Gedanken sein sollen, die den Gehalt von Gedanken konstituieren, dann lässt sich offenbar schwer verständlich machen, wie *verschiedene* Gedanken von *genau denselben* Gegenständen handeln und *ein und dieselbe* Tatsache zur Darstellung bringen können.

Reduktive und explikative Theorien des Gehalts

Philosophische Theorien mentalen Gehalts lassen sich zweitens danach unterscheiden, welchen Anspruch sie mit ihrer jeweiligen Erklärung begrifflichen Gehalts verbinden. Philosophische Erklärungen mentalen Gehalts werden oft von dem Ziel geleitet, mentalen Gehalt vollständig auf Phänomene zurückzuführen, die ihrerseits ohne jeden Bezug auf Mentales verständlich sind. Ich werde Theorien, die einen solchen Anspruch erheben, *reduktiv* nennen. Reduktive Theorien mentalen Gehalts sind heutzutage vor allem deshalb in Mode, weil die gegenwärtige Philosophie (des Geistes) einen stark naturalistischen Einschlag hat. Vielfach wird es als *die* Aufgabe der Philosophie des Geistes betrachtet zu zeigen, wie mentale Phänomene sich in ein allgemein naturalistisches Weltverständnis integrieren lassen.[58] Mit Bezug auf die Frage mentalen Gehalts geht es also darum, Gehalt letztlich als ein rein ›natürliches‹ Phänomen zu begreifen und in Begriffen zu erklären, die sich zwanglos in ein naturwissenschaftliches Weltbild einfügen lassen. Wenn wir nach Relationen Ausschau halten, die einerseits etwas mit der Konstitution des Gehalts von Gedanken zu tun haben könnten und andererseits einem naturwissenschaftlichen Verständnis offenstehen, dann fällt als Erstes die Relation der *Kausalität* ins Auge. Eine Reihe von reduktiven Theorien des mentalen Gehalts versuchen entsprechend, die offensichtliche Tatsache, dass Gedanken durch die Gegenstände verursacht werden können, von denen sie handeln, für eine Erklärung mentalen Gehalts zu nutzen.

Die direkteste reduktive Erklärung mentalen Gehalts in kausalen Begriffen bedient sich des Gedankens der *kausalen Kovarianz* und wird meist unter dem Titel einer »informationalen« Theorie mentalen Gehalts geführt.[59] Der Grundgedanke ist der, dass der Gehalt von Gedanken oder mentalen Repräsentationen dadurch konstituiert wird, dass diese *kausalgesetzlich* mit Gegenständen oder Ereignissen bestimmter Arten in der Weise zusammenhängen, dass das Auftreten von Gegenständen einer bestimmten Art regelmäßig das Auftreten der entsprechenden Art von Gedanken oder Repräsentationen verursacht.[60] Dass bestimmte Gedanken – im grundlegenden Fall Wahrnehmungsurteile – kausalgesetzlich von Kaninchen und nicht von anderen Dingen verursacht werden, ist dieser Auffassung zufolge gerade das, *was es macht, dass* diese Gedanken von Kaninchen und nicht von anderen Dingen handeln. Allgemein sollen Gedanken oder mentale Repräsentation eben diejenigen Gegenstände oder Ereignisse repräsentieren, von denen sie regelmäßig oder kausalgesetzlich verursacht werden.

Ein zentrales Problem, mit dem informationale Theorien des Gehalts zu kämpfen haben, ist das Problem systematischer *Fehl*repräsentation. Wenn wir uns in einer systematischen Weise über unsere Umwelt täuschen, werden die entsprechenden Gedanken offenbar regelmäßig durch Dinge verursacht, von denen sie *nicht* handeln. So könnte es etwa sein, dass Pferde in der Dämmerung bei einer bestimmten Person kausalgesetzlich Gedanken über Kühe verursachen. Informationale Theorien des mentalen Gehalts behaupten aber, dass kausalgesetzliche Beziehungen dieser Art mentalen Gehalt *konstituieren*. Sie dürfen diesen Fall also nicht so beschreiben, dass jemand regelmäßig dazu veranlasst wird, Pferde für Kühe zu halten, sondern scheinen behaupten zu müssen, dass die entsprechenden Gedanken nicht nur von Kühen, sondern auch *von Pferden in der Dämmerung handeln*. Insofern informationale Theorien des Gehalts gezwungen scheinen, systematischen Fehlrepräsentationen einen *disjunktiven* Gehalt zuzuschreiben (etwa von Kühen *oder* von Pferden in der Dämmerung zu handeln), wird dieses Problem auch oft als »Disjunktionsproblem« bezeichnet. Nun lässt sich das Disjunktionsproblem vielleicht in den Griff bekommen. Jerry Fodor hat etwa vorgeschlagen, dass es sich dadurch lösen lässt, dass man beachtet, dass zwischen den beiden Fällen unseres Beispiels eine »asymmetrische Abhängigkeitsbeziehung« besteht: Pferde in der Dämmerung können in einer Person *nur dann* systematisch die problematischen Gedanken verursachen, wenn diese Gedanken darüber hinaus *auch* zu Kühen in einer kausalgesetzlichen Beziehung stehen. Kühe hingegen könnten diese Gedanken auch dann noch regelmäßig verursachen, wenn Pferde dies nicht täten.[61]

Aber nicht nur können unsere Gedanken in systematischer Weise durch Dinge verursacht werden, von denen sie nicht handeln. Für viele unserer Gedanken scheinen *überhaupt keine* Kausalbeziehungen zu den Gegenständen, von denen sie handeln, zu bestehen, einfach deshalb, weil sie von Gegenständen handeln, die gar nicht kausal wirksam sind: Zu nennen wären hier abstrakte Gegenstände wie Zahlen oder fiktionale Gegenstände wie Sherlock Holmes. Informationale Theorien des mentalen Gehalts sind, wenn sie strikt an der Idee festhalten wollen, dass Gehalt insgesamt durch kausalgesetzliche Beziehungen konstituiert ist, gezwungen, den Gehalt all dieser Gedanken als irgendwie abgeleitet von dem Gehalt solcher Gedanken zu begreifen, die von handfesteren Dingen handeln.

Ein noch grundlegenderes Problem für informationale Theorien des Gehalts schließlich wurde oben bereits für jede Form des Atomismus geltend gemacht: Zu erklären, wie mentale Gehalte so viel feiner unterschieden sein können als die Dinge, auf die sie sich beziehen. Im Fall informationaler Theorien des Gehalts tritt dieses Problem besonders klar hervor: Wenn mentaler Gehalt *allein* durch kausalgesetzliche Beziehungen konstituiert wird, dann müssen alle Gedanken, die *überhaupt* von einer bestimmten Art von Dingen handeln, mit Bezug auf diese Dinge genau *denselben* Gehalt besitzen.

Reduktive Theorien, die mentalen Gehalt durch den Begriff der Verursachung erklären wollen, existieren aber nicht nur in einer atomistischen, sondern auch in einer holistischen Variante. Sogenannte »Inferenzielle-Rollen-Theorien« (oder »Funktionale-Rollen-Theorien«) mentalen Gehalts versprechen, Gehalt auf eine Weise als ein kausales Phänomen zu erklären, die viele der Probleme informationaler Theorien des Gehalts vermeidet. Die Grundidee ist, dass für mentalen Gehalt nicht nur die regelmäßige Verursachung von Gedanken durch Gegenstände und Ereignisse in der Umwelt konstitutiv ist, sondern darüber hinaus zum einen auch die regelmäßige Verursachung von Ereignissen in der Umwelt durch Gedanken, wie sie etwa im Handeln vorliegt, zum anderen aber vor allem auch die regelmäßige Verursachung von

Gedanken *durch andere Gedanken.* Inferenzielle-Rollen-Theorien des Gehalts knüpfen an die holistische Intuition an, dass Gedanken konstitutiv von einem *System* von Gedanken abhängig sind, und sie interpretieren diese Abhängigkeit so, dass der Gehalt eines Gedankens gerade in der *spezifischen Rolle* besteht, die dieser Gedanke in dem durch Wahrnehmungs-›Inputs‹, Verhaltens-›Outputs‹ und interne Schlussfolgerungen (»Inferenzen«) strukturierten System der Gedanken eines Wesens spielt.[62]

Es ist leicht zu sehen, wie man auf diese Weise hoffen kann, einige der Probleme informationaler Theorien zu vermeiden: Auch Gedanken etwa, für die sich keine unmittelbaren regelmäßigen Ursachen in der Umwelt ausmachen lassen, können eine inferenzielle Rolle und also einen Gehalt besitzen; und Gedanken, die regelmäßig durch dieselben Gegenstände verursacht werden, können immer noch unterschiedliche inferenzielle Rollen spielen, da sie auf unterschiedliche Weise mit anderen Gedanken und dem Verhalten verbunden sein können.

Das Problem der Fehlrepräsentation allerdings bekommen auch Inferenzielle-Rollen-Theorien nicht einfach in den Griff. Insoweit sie an dem Gedanken festhalten, dass die kausalgesetzlichen Beziehungen zu den Gegenständen, von denen Gedanken handeln, an der Konstitution des Gehalts dieser Gedanken beteiligt sind, stellt sich ihnen dieses Problem in unveränderter Form. Darüber hinaus haben sie mit einem analogen Problem in Bezug auf die ihnen zufolge für den Gehalt konstitutiven Beziehungen *zwischen* Gedanken zu kämpfen: Sie können nicht erklären, wie es möglich ist, systematische Fehler im Denken zu begehen. Intuitiv liegt ein solcher Fehler dann vor, wenn jemand aus Gedanken eines bestimmten Gehalts regelmäßig Gedanken folgert, die nicht aus ihnen folgen. Eine solche Beschreibung setzt aber gerade voraus, dass man zwischen dem Gehalt von Gedanken und den regelmäßigen Folgerungen, die aus ihnen gezogen werden, *unterscheidet.*

Wir hatten gesehen, wie informationale Theorien ein grundlegendes Problem atomistischer Theorien mentalen Gehalts erben. Darüber hinaus bekommen es Inferenzielle-Rollen-Theorien mit dem grundlegenden Problem des Holismus zu tun. Dieses bestand darin, einzelne Gedanken als *teilbar* und über die Zeit hinweg *stabil* zu begreifen. Wenn nun der Gehalt eines Gedankens durch seine kausalen Beziehungen zu anderen Gedanken konstituiert wäre, dann schienen *einzelne* Veränderungen im System der Gedanken einer Person kaum mehr möglich. Die Revision einer *einzelnen* Überzeugung oder der Verlust einer *einzelnen* Hoffnung müsste zur Folge haben, dass sich der Gehalt von *vielen*, letztlich vielleicht von *allen* anderen Gedanken dieser Person ändert. Diese wenig plausible Konsequenz scheint sich nur vermeiden zu lassen, wenn ein Weg gefunden wird, bloß einige der kausalen Beziehungen, die ein Gedanke zu anderen Gedanken unterhält, als für seinen Gehalt konstitutiv auszuzeichnen. Es ist schwer zu sehen, wie das auf eine rein naturalistische Weise gelingen könnte.[63]

Die offensichtlichen Probleme kausaler Theorien lassen es, wenn man an der reduktiven Strategie festhalten möchte, vernünftig erscheinen, nach anderen naturalistischen Erklärungen mentalen Gehalts Ausschau zu halten. Eine in der gegenwärtigen Debatte zentrale Erklärung dieser Art beruft sich nicht auf den Begriff der Verursachung, sondern auf den sehr viel voraussetzungsreicheren Begriff der *biologischen Funktion*, wie er im Kontext der evolutionstheoretischen Auffassung der Entwicklung biologischer Arten eine Rolle spielt. Insbesondere die amerikanische Philosophin Ruth Garrett Millikan hat auf dieser Grundlage eine anspruchsvolle Erklärung mentalen Gehalts entwickelt.[64] Die biologische Funktion eines Merkmals eines Lebewesens wird, grob gesprochen, durch dessen *historischen Überlebenswert* bestimmt. Es handelt sich um diejenige seiner Leistungen, die in der Vergangenheit bewirkt hat, dass die Lebewesen, die dieses Merkmal besaßen, lange genug überlebt haben, um es an Nachkommen zu vererben; anders gesagt ist das diejenige seiner Leistungen, *derentwegen* dieses Merkmal selektiert wurde und in heutigen Exemplaren der jeweiligen Art vorhandeln ist. Ohne auf die komplexe Theorie Millikans in ihren Details eingehen zu können, möchte ich andeuten, wie der Begriff der biologischen Funktion gegenüber dem Begriff der kausalen Gesetzmäßigkeit im Vorteil ist, wenn es etwa darum geht, mit dem Problem der systematischen Fehlrepräsentation umzugehen. Zu diesem Zweck ist es hilfreich, den Fall einer einfachen »äußeren« Repräsentation zu betrachten. So klatschen Biber mit dem Schwanz auf das Wasser, um ihre Artgenossen vor Gefahr zu warnen. Das Klatschen, so möchten wir sagen, repräsentiert die Gegenwart von Gefahr. Nun ist es sicherlich so, dass das Klatschen kausalgesetzlich mit der Gegenwart von Gefahr verbunden ist. Aber es ist kausalgesetzlich ebenso mit einer Reihe anderer Dinge verbunden, von denen wir nicht sagen wollen, dass es sie repräsentiert. So können wir etwa annehmen, dass das plötzliche Flattern eines kleinen Vogels im Gebüsch ebenfalls regelmäßig ein warnendes Klatschen auslöst, obwohl kleine Vögel in keiner Weise eine Gefahr für die Biber darstellen. Der Begriff der biologischen Funktion erlaubt es nun, in einleuchtender Weise diejenigen Dinge auszuzeichnen, die von dem Warnsignal repräsentiert werden. Dazu müssen wir nur die Perspektive etwas erweitern und diejenigen Biber mit einbeziehen, die dadurch auf das Signal reagieren, dass sie ihre Arbeit unterbrechen und in Deckung gehen. Dann sehen wir folgenden Unterschied: Die Tatsache, dass frühere Biber in Reaktion auf das Klatschen *in Gegenwart einer Gefahr* in Deckung gegangen sind, *erklärt* offenbar, warum dieses Verhalten bei späteren Bibern so verbreitet ist. Die Tatsache hingegen, dass frühere Biber in Reaktion auf das Klatschen *in Gegenwart eines flattern-*

den Vogels in Deckung gegangen sind, trägt zu einer solchen Erklärung nichts bei.

Auch wenn es von hier bis zu einer Theorie mentalen Gehalts sicherlich noch ein weiter Weg ist, so können wir doch vielleicht bereits erahnen, dass der Begriff der biologischen Funktion es ermöglicht, für Fragen der Repräsentation wichtige Unterschiede zu treffen, die sich mit dem Begriff der kausalen Regelmäßigkeit allein nicht ohne Weiteres treffen lassen. »Biosemantische« Theorien könnten daher besser geeignet sein, mit den vielfältigen Problemen einer reduktiven Erklärung mentalen Gehalts fertigzuwerden.

Nun kann man an dem Unternehmen einer reduktiven Erklärung mentalen Gehalts als solchem Zweifel anmelden. Zwar sollte deutlich sein, dass reduktive Theorien, so wie sie hier bestimmt wurden, nicht *per se reduktionistisch* sind. Reduktionismus, so könnte man sagen, entsteht dann, wenn Theorien um den Preis einer Verkürzung ihres Gegenstandes reduktiv sind. Weit davon entfernt, an sich ein Nachteil zu sein, ist Reduktion – die Erklärung eines Phänomens in davon unabhängigen grundlegenderen Begriffen – offenbar eine theoretische *Stärke* und sollte überall dort, wo sie gelingen kann, das Ziel sein. Allerdings scheint gerade mit Bezug auf die Gegenstände *philosophischer* Erklärungen einiges dafür zu sprechen, dass Reduktion in der Regel nicht zu erreichen ist und daher in Reduktionismus umschlägt. Die Gegenstände philosophischer Erklärungen – und insbesondere das Phänomen des mentalen Gehalts – stehen in einer Weise im Zentrum unseres Verständnisses unserer Selbst und unserer Stellung zur Welt, dass nicht ohne Weiteres erwartet werden darf, dass sich irgendeine grundlegendere und davon unabhängige Begrifflichkeit finden lässt, in der wir uns diese Gegenstände auf eine aufschlussreiche Weise verständlich machen können.

Für den Fall des mentalen Gehalts bedeutet das, dass wir die holistische Intuition, dass der Gehalt eines Gedankens durch seine Beziehungen zur Wahrnehmung, zum Handeln und zu anderen Gedanken konstituiert wird, vielleicht in anderer Weise ausbeuten sollten, als dies im Rahmen von »Inferenzielle-Rollen-Theorien« des Gehalts geschieht. Wir sollten sie vielleicht nicht als einen Hinweis darauf deuten, wie sich Gehalt als eine Sache kausaler Beziehungen verstehen lässt, sondern als einen Hinweis auf die konstitutive Abhängigkeit des Phänomens des mentalen Gehalts von anderen *mentalen* Phänomenen wie dem der Wahrnehmung, dem schlussfolgernden Denken und dem Handeln. Wahrscheinlich müssen wir dann die Hoffnung begraben, mentalen Gehalt durch nicht-mentale Begriffe zu erklären, aber das heißt nicht, dass wir die Hoffnung auf Erklärung und Verständnis insgesamt begraben müssen. Ein besseres Verständnis davon, wie mentale Phänomene miteinander und mit anderen Phänomenen zusammenhängen, vertieft auch dann unser Verständnis eines jeden dieser Phänomene, wenn es den Kreis mentaler Begriffe gewissermaßen »von innen« her ausschreitet und nicht »von außen« auf nicht-mentale Begriffe reduziert.

Internalistische und externalistische Theorien, enger und weiter Gehalt

In der Philosophie des Geistes kann man unter »Externalismus« grob die Idee verstehen, dass die Gehalte unserer Gedanken, und damit diese selbst, konstitutiv von den Aspekten der Welt abhängen, von denen sie handeln. »Internalistisch« ist eine Theorie mentalen Gehalts dagegen dann, wenn sie impliziert, dass der mentale Gehalt der Gedanken eines Subjekts allein von der Beschaffenheit des Subjekts der entsprechenden Gedanken abhängt und damit unabhängig ist von irgendwelchen Beziehungen, die das Subjekt zur Welt oder zu anderen Subjekten unterhält.[65]

Die traditionelle neuzeitliche Philosophie des Geistes ist durch einen radikalen Internalismus gekennzeichnet. Descartes etwa argumentiert im Zuge der Durchführung seines methodischen Zweifels in der ersten Meditation, dass es gute Gründe gibt zu glauben, dass alles, was er jemals über die »äußere« Welt geglaubt hat, falsch sein könnte, ja dass er nicht einmal sicher weiß, dass überhaupt eine solche Welt existiert.[66] Descartes scheint bei dieser Überlegung vorauszusetzen, dass all seine Gedanken über die Welt objektiver Gegenstände genau den Gehalt haben könnten, den sie haben, auch wenn diese Welt nicht existierte – und das wäre eine radikale Form des Internalismus in dem hier bestimmten Sinn. Heutzutage wird der Internalismus oft in einer materialistischen Variante vertreten, die besagt, dass der mentale Gehalt der Gedanken eines Subjekts allein von den intrinsischen physikalischen oder physiologischen Eigenschaften des Subjekts abhängt und nicht von irgendwelchen Beziehungen, die es zu anderen Dingen unterhält. Ein materieller Doppelgänger des Subjekts, ein zweites Individuum mit genau denselben intrinsischen physikalischen oder physiologischen Eigenschaften, hätte dem Internalismus zufolge genau dieselben Gedanken wie das ursprüngliche Subjekt.[67]

So bestimmt, handelt es sich bei Internalismus und Externalismus um zwei einander entgegengesetzte Auffassungen über das Wesen mentalen Gehalts. Es wird aber auch oft die These vertreten, dass nur die Gehalte *einiger Arten* von Gedanken oder Repräsentationen oder nur *ein Teil des Gehalts* aller oder einiger Arten von Gedanken in externalistischer oder internalistischer Weise konstituiert sind. Dann wäre es offenbar sinnvoll, nicht nur zwischen zwei Arten von *Theorien* des Gehalts, sondern auch zwischen zwei Arten von *Gehalten* zu unterscheiden. Zu diesem

Zweck hat sich die Unterscheidung zwischen einem engen Gehalt (*narrow content*) und einem weiten Gehalt (*wide content*) eingebürgert.

Der Externalismus kann als eine der wichtigsten Entwicklungen der Philosophie der Sprache und des Geistes der zweiten Hälfte des 20. Jahrhunderts gelten,[68] und externalistische Auffassungen mentalen Gehalts sind in der jüngeren Philosophie des Geistes in verschiedensten Varianten entwickelt worden. Weit verbreitet ist eine Variante, die man vielleicht als »objektivistischen« Externalismus bezeichnen könnte. Sie begreift die Gehalte der Gedanken eines Subjekts als konstitutiv abhängig von den objektiven *Gegenständen*, von denen sie handeln. Informationale Theorien mentalen Gehalts vertreten offenbar einen solchen objektivistischen Externalismus. Ihnen zufolge sind es ja gerade die kausalen Beziehungen zu den Gegenständen in der Welt, die den Gehalt von Gedanken konstituieren. Daraus folgt unmittelbar, dass es Gedanken in den grundlegenden Fällen ohne entsprechende objektive Gegenstände gar nicht geben kann. Wenn der »objektivistische« Externalismus wahr wäre, könnte der methodische Zweifler seinen Zweifel zumindest nicht in der radikalen Form durchführen, in der er es in der ersten Meditation versucht.[69]

»Inferenzielle-Rollen-Theorien« des mentalen Gehalts können dagegen in internalistischen Versionen vertreten oder dazu benutzt werden, die Existenz eines *engen* Gehalts von Gedanken zu verteidigen. Sie behaupten dann, dass zumindest ein Teil des mentalen Gehalts von Gedanken oder mentalen Repräsentationen *allein* von den Beziehungen zu anderen Gedanken oder Repräsentationen desselben Subjekts abhängt.[70] Allerdings ist es wichtig festzuhalten, dass »Inferenzielle-Rollen-Theorien« nicht *per se* auf die Existenz enger Gehalte festgelegt sind. Sie können auch die These vertreten, dass die inferenzielle Rolle eines Gedankens nur zusammen mit den Beziehungen, die das Subjekt durch Wahrnehmung und Handeln mit der Welt unterhält, mentalen Gehalt konstituiert.

Das zentrale Problem des Externalismus besteht darin, dass er die besondere epistemische Situation zu verkennen scheint, die denkende Subjekte zu ihren eigenen Gedanken unterhalten. Dem Externalismus zufolge sollen die Antworten auf die Fragen, welchen Gehalt ein Gedanke besitzt und ob er überhaupt einen Gehalt besitzt, von Beziehungen abhängig sein, die das denkende Subjekt zu objektiven Gegenständen unterhält. Das Wissen des Subjekts über seine Beziehungen zu diesen Gegenständen scheint sich nun aber in keiner Weise von dem Wissen zu unterscheiden, das *andere* Subjekte darüber haben können. Dann aber scheint sich auch das Wissen eines Subjekts von seinen eigenen *Gedanken* in keiner Weise von dem Wissen unterscheiden zu können, das andere Subjekte von seinen Gedanken haben können. Und das scheint keine akzeptable Konsequenz zu sein.

Das zentrale Problem des Internalismus lässt sich durch die Frage verdeutlichen, inwiefern ein von den Beziehungen des Subjekts zur objektiven Welt unabhängiger »Gehalt« überhaupt ein »Gehalt« genannt zu werden verdient. Die Rede vom »Gehalt« von Gedanken ist dazu da, um zu begreifen, dass und wie Akte und Zustände eines Subjekts von den Dingen in der Umwelt des Subjekts handeln können. Die grundlegende Idee des Gehalts von Gedanken *ist* die Idee einer Art des Gegebenseins der objektiven Welt für ein denkendes Subjekt. Wenn es einen Bereich von Eigenschaften derart gibt, dass diese unseren Gedanken ganz unabhängig von den Beziehungen zukommen, die das Subjekt dieser Gedanken zum Rest der Welt unterhält – und um so einen Bereich von Eigenschaften handelt es sich bei den »engen Gehalten« von Gedanken –, dann lässt sich bezweifeln, dass diese Eigenschaften zum Gehalt der Gedanken in diesem grundlegenden Sinn gehören.[71]

Wir scheinen keine dieser beiden Intuitionen einfach aufgeben zu können: Es scheint sowohl der Idee einer konstitutiven Abhängigkeit des Denkens von der Welt als auch der Idee einer konstitutiven Zugänglichkeit der Gedanken eines Subjekts für dieses Subjekt zu bedürfen, um die Art und Weise zu verstehen, wie vernünftige Wesen wie wir sich in ihrem Denken zur Welt verhalten. Wie wir diesen beiden Intuitionen gleichermaßen gerecht werden können, ist immer noch eine offene Frage.

4. Phänomenales Bewusstsein

Schmerzen scheinen auf den ersten Blick weder einen intentionalen Gegenstand noch einen mentalen Gehalt zu besitzen. Und dennoch sind Schmerzen sicherlich mentale Ereignisse. Was ist es, das *sie* zu mentalen Ereignissen macht? Schmerzen sind für unser Verständnis des Mentalen deswegen so aufschlussreich, weil sie, wie man sagen könnte, in mentaler Hinsicht so wenig zu bieten haben. Was sie zu bieten haben, können wir vorläufig mit Wendungen wie den folgenden einzufangen versuchen: Schmerzen sind »Erlebnisse«; es »fühlt sich auf eine bestimmte Weise an«, Schmerzen zu haben; es »ist für uns irgendwie«, Schmerzen zu haben, und zwar ist es anders, als große Trauer, tiefe Befriedigung, Aufregung oder Angst zu verspüren. Es ist dieser Aspekt von Schmerzen und anderen mentalen Ereignissen – ihre *Erlebnishaftigkeit*, wie wir vielleicht sagen können –, der in der philosophischen Literatur als »phänomenales Bewusstsein« bezeichnet wird. Aber nicht nur ein Schmerz oder ein Jucken ist erlebnishaft in diesem Sinn. Auch sinnliche Wahrnehmungen scheinen mentale Ereignisse zu sein, in denen die Welt auf eine bestimmte Art und Weise *erlebt* wird, so dass es für das Subjekt einer Wahrnehmung »irgendwie ist«, das Subjekt dieser Wahrnehmung zu sein. Und selbst das Denken vollzieht sich in der Regel in phänomenal bewussten mentalen Episoden. Oft denken wir, indem wir »still vor uns hinsprechen«, wie man sagen könnte. Wir formulieren Sätze in einer bestimmten Sprache, mit einer bestimmten Wortfolge, in einer bestimmten Geschwindigkeit und mit einer bestimmten Betonung. Solche Akte »verbalisierten Denkens« scheinen ebenfalls Erlebnisse zu sein.[72]

Im nächsten Kapitel werden wir uns mit der These auseinandersetzen, dass phänomenales Bewusstsein das Merkmal *des Mentalen überhaupt* ist und der Begriff des phänomenalen Bewusstseins also geeignet sein könnte, den Kern unseres Verständnisses des Mentalen zu explizieren. Wenn ein Begriff eine derart zentrale theoretische Rolle spielen können soll, müssen wir, was seine Erläuterung angeht, sicherlich mehr leisten, als ihrerseits erläuterungsbedürftige Synonyme wie »Erlebnishaftigkeit« oder »wie es ist« anzuführen oder Beispiele aufzuzählen.

Wir werden in diesem Kapitel versuchen, das phänomenale Bewusstseins auf drei verschiedene Weisen schärfer in den Blick zu bekommen: Indem wir es von anderen *Arten* des Bewusstseins unterscheiden; indem wir spezielle Fälle seines *Fehlens* untersuchen; und schließlich, indem wir verschiedene Weisen seiner philosophischen Erklärung diskutieren.

4.1 »Bewusstsein«

Um den Begriff des phänomenalen Bewusstseins deutlicher zu konturieren, ist es hilfreich, ihn in ein Verhältnis zu anderen Begriffen des Bewusstseins – anderen Bedeutungen des Ausdrucks »Bewusstsein« – zu setzen.[73] Das wollen wir in diesem Abschnitt tun.

Zunächst können wir festhalten, dass wir von »Bewusstsein« nicht nur mit Bezug auf bestimmte mentale Ereignisse oder Zustände sprechen, sondern auch von *Lebewesen* sagen, dass sie »bei Bewusstsein sind« oder »Bewusstsein haben«. »Bewusstsein« in diesem Sinn bezeichnet jenen Zustand eines Lebewesens, in den es gelangt, wenn es aus traumlosem Schlaf, einer Ohnmacht oder einer Narkose erwacht. *Bei* Bewusstsein ist ein Lebewesen, wenn es wach ist, und Bewusstsein *hat* ein Lebewesen, wenn es manchmal bei Bewusstsein ist.[74] Diesen Gebrauch des Ausdrucks »Bewusstsein« erwähne ich nur, um ihn gleich beiseitezulassen. Wir interessieren uns für Bewusstsein als ein Merkmal nicht von Lebewesen, sondern von bestimmten mentalen *Ereignissen* oder *Zuständen.*

Aber auch mit Bezug auf mentale Ereignisse oder Zustände scheinen wir noch einmal zwischen zwei verschiedenen Bedeutungen des Wortes »Bewusstsein« oder »bewusst« bzw. zwischen verschiedenen Arten des Bewusstseins unterscheiden zu können. Die erste dieser Arten kommt zum Ausdruck, wenn wir etwa davon reden, dass wir uns eines bestimmten Gefühls nicht bewusst waren oder dass wir eine bestimmte Entscheidung bewusst gefällt haben, und sie klingt auch in der Freud'schen Rede von »unbewussten« Überzeugungen, Wünschen und Absichten an. Hier handelt es sich um ein *kognitives* oder *epistemisches* Phänomen, um *ein Wissen von unseren eigenen mentalen Zuständen und Ereignissen.* Eine bewusste Entscheidung ist einfach eine Entscheidung, die ich wissentlich treffe, ein unbewusster Wunsch ein Wunsch, von dem ich nicht weiß (oder nicht wissen kann), dass ich ihn habe. Dieses Wissen von den eigenen mentalen Zuständen und Ereignissen können wir als »epistemisches Bewusstsein« bezeichnen.

Epistemisches und phänomenales Bewusstsein gehen in unserem mentalen Leben typischerweise Hand in Hand. Aber das heißt weder, dass sich die Begriffe des epistemischen und des phänomenalen Bewusstseins nicht auseinanderhalten lassen, noch, dass es sich hier um ein und dasselbe Phänomen handelt. Tatsächlich *gibt es* mentale Zustände und Ereignisse, die jeweils nur in einem der beiden Sinne bewusst sind. So ist einerseits klar, dass einige der Dinge, die im epistemischen Sinn bewusst *sind,* im phänomenalen Sinn nicht einmal bewusst *sein können*. Das gilt etwa für mentale *Zustände* wie Überzeugungen. Die Überzeugung, dass Barack Obama Präsident der USA ist, habe ich seit vielen Jahren ununterbrochen, und nicht nur in jenen seltenen Momenten, in denen ich einen Gedanken mit dem entsprechenden Gehalt denke. Darüber hinaus entzieht sich diese Überzeugung sicherlich nicht meinem epistemischen Bewusstsein. Ich glaube nicht nur seit Jahren ununterbrochen, dass Obama Präsident der USA ist, ich *weiß* auch bereits genauso lang ununterbrochen, *dass ich das glaube*. Was aber sollte es heißen, dieser *Überzeugung* – und nicht etwa einzelnen Ereignissen des Denkens eines entsprechenden Gedankens – *Erlebnishaftigkeit* zuzusprechen? Das Haben einer Überzeugung ist sicherlich kein Erlebnis. Besser gesagt *kann* es aus prinzipiellen Gründen kein Erlebnis sein. Erlebnisse sind nämlich offenbar *Ereignisse*, Dinge, die sich *in der Zeit entfalten* und *aus zeitlichen Teilen bestehen*. Überzeugungen hingegen sind *Zustände*; sie haben zwar eine zeitliche Erstreckung, aber *entfalten* sich nicht in der Zeit, und sie *bestehen* auch nicht *aus zeitlichen Teilen*. Wir können zwar das Zeitintervall, in dem jemand eine bestimmte Überzeugung hat, in zwei Teile teilen, aber das teilt nicht *die Überzeugung* in zwei Teile. Das verhält sich anders mit einem Erlebnis: Solange nicht die volle Zeit verstrichen ist, in der ein Schmerzerlebnis andauert, ist auch erst ein Teil *des Erlebnisses* zur Existenz gelangt.[75]

Gibt es andersherum auch mentale Ereignisse, die phänomenal, aber nicht epistemisch bewusst sind? Ich denke, in unserer Alltagspsychologie ist die Existenz solcher Ereignisse vorgesehen. Denken wir etwa an den Fall eines ganz leichten Kopfschmerzes. Hier geschieht es häufig, dass wir den Schmerz für eine bestimmte Zeit, wie wir sagen, »nicht bemerken«, etwa wenn wir uns angeregt unterhalten oder unsere Aufmerksamkeit auf eine andere Weise gefesselt ist, anschließend aber feststellen müssen, dass der Schmerz, wie wir sagen, *immer noch* da ist. Es ist nicht so, als wäre der Schmerz nun, nach der Ablenkung, *zurückgekehrt.* Er war *die ganze Zeit* da, wir haben ihn eben nur nicht bemerkt. (Anders ist es, wenn wir eine Kopfschmerztablette einnehmen. Dann verschwindet tatsächlich *der Schmerz selbst.* Und sollte *seine Ursache* während der Zeit, in der die Tablette wirkt, nicht ebenfalls verschwunden sein, wird *der Schmerz*, nicht nur unser epistemisches Bewusstsein des Schmerzes, zurückkehren.)[76]

Phänomenales Bewusstsein, so können wir festhalten, ist etwas anderes als epistemisches Bewusstsein. Das ist ein Anfang, aber auch nicht mehr. Zur Bestimmung des phänomenalen Bewusstseins ist eine Unterscheidung von anderen Arten des Bewusstseins sicherlich hilfreich.[77] Sie führt aber letztlich immer nur zu einer negativen Bestimmung des Phänomens. Wir wollen nun untersuchen, ob sich die Erlebnishaftigkeit mentaler Ereignisse nicht auch positiv bestimmen lässt.

4.2 Was genau ist phänomenales Bewusstsein?

Der Begriff des phänomenalen Bewusstseins wird in der Regel – ich habe da keine Ausnahme gemacht – zunächst durch sprachliche Wendungen erläutert, die den Anspruch erheben, diesen Begriff auf eine andere, vertrautere, Weise zum Ausdruck zu bringen. So wird etwa gesagt, mentale Zustände seien genau dann phänomenal bewusst, wenn es »irgendwie ist«[78] oder sich »auf eine bestimmte Weise anfühlt«, sich in ihnen zu befinden, oder wenn wir diese Zustände nicht nur *haben*, sondern auch »erleben«.[79]

Solche Wendungen sind aber nur begrenzt hilfreich und potenziell irreführend. Sie bedürfen daher eines Kommentars, der den gemeinten Sinn herausstellt und die möglichen Missverständnisse abwehrt. Das lässt sich gut an dem Begriff des *Erlebens* zeigen, den ich im Folgenden in den Mittelpunkt meiner Erläuterungen stellen werde.

Was soll es etwa heißen, ein mentales Ereignis wie einen Schmerz »nicht nur zu haben, sondern zu erleben«? Diese Redeweise scheint vorauszusetzen, dass es möglich oder denkbar wäre, einen Schmerz zu *haben*, auch *ohne* ihn zu *erleben*. Das phänomenale Bewusstsein im Sinne des Erlebens wäre dann vielleicht so etwas wie eine besondere Weise des *Zugangs* zu bestimmten Arten mentaler Ereignisse, und wir könnten uns Gedanken über das *Verhältnis* zwischen diesen Ereignissen und ihrem Erlebtwerden machen. Doch das ist bei genauerem Hinsehen kaum verständlich. Können wir wirklich sinnvoll zwischen dem *Haben* und dem *Erleben* eines Schmerzes unterscheiden? Die Dinge so zu unterscheiden scheint zu beinhalten, dass es da *einerseits* meinen Schmerz als ein mentales Ereignis *ohne* Erlebnischarakter geben könnte und dann *andererseits* ein Erlebnis *von* diesem Schmerz. Aber das klingt absurd. Ein Schmerzerlebnis ist doch sicherlich nicht ein Erlebnis, das einen Schmerz, der selbst *kein* Erlebnis ist, zum *Gegenstand* hat. Schmerzen sind nicht eine besondere Art von *Gegenständen* von Erlebnissen, sie sind eine besondere Art von *Erlebnissen*. Wenn ich sage, dass ich gerade einen Schmerz erlebe, oder ein Schmerzerlebnis habe, dann kennzeichne ich damit die *Art* des Erlebnisses, nicht seinen *Gegenstand*.

Schmerzen scheinen, mit anderen Worten, nicht nur Erlebnisse zu sein, sondern sie scheinen sich *darin zu erschöpfen*, Erlebnisse zu sein, bzw. *nichts anderes als bloße Erlebnisse* zu sein. Das manifestiert sich etwa darin, dass wir sie *allein* in Hinblick auf unser Erleben klassifizieren und identifizieren können. Was ein mentales Ereignis zu einem Schmerz macht und von einem Jucken unterscheidet oder einen bestimmten Schmerz zu dem Schmerz macht, der er ist, ist *allein die für ihn spezifische Weise des Erlebens*. Ich werde im Folgenden mentale Ereignisse, die wie Schmerzen allein durch eine besondere Weise des Erlebens individuiert sind, als *Empfindungen* bezeichnen.

Wenn das stimmt, dann lässt sich bereits ein wichtiger Aspekt phänomenalen Bewusstseins festhalten: Phänomenales Bewusstsein ist, anders als etwa epistemisches Bewusstsein, nicht immer ein »Bewusstsein von« etwas. Zwar können wir jedes Erlebnis als ein Erlebnis »von etwas« *beschreiben.* Aber manchmal scheint das grammatische Objekt dieser Beschreibungen tatsächlich einen von dem Erlebnis verschiedenen *Gegenstand* zu benennen, der erlebt wird – etwa wenn wir von dem Erlebnis des Klangs der Klarinette oder der Farbe des Himmels reden –, in anderen Fällen dagegen bloß eine *Weise des Erlebens.*

Empfindungen machen uns darauf aufmerksam, dass wir die Fähigkeit besitzen, Erlebnisse *als* Erlebnisse – als Weisen des Erlebens – zu klassifizieren und etwa zwischen der Empfindung von Schmerzen und von einem Jucken oder zwischen verschiedenen Arten von Schmerzempfindung zu unterscheiden. Aber selbst dann, wenn unsere Beschreibungen von Erlebnissen deren *Ursachen* mit einbeziehen – wenn wir etwa davon reden, wie es ist, den Stich einer Wespe zu spüren oder den Himmel zu betrachten –, kann das allein dem Zweck dienen, die mit dem Erlebnis verbundene Weise des Erlebens zu spezifizieren. Immer dann, wenn Dinge einer bestimmten Art – wie etwa Wespenstiche oder der wolkenlose Himmel – typischerweise Erlebnisse einer bestimmten Art verursachen, können wir die entsprechende Art des Erlebens als diejenige Art des Erlebens herausgreifen, die typischerweise so verursacht wird. (Tatsächlich können wir viele Arten des Erlebens gar nicht *anders* spezifizieren als mit Bezug auf ihre typischen Ursachen: etwa den Geruch der Wiese nach einem Sommerregen oder das Prickeln im Rachen beim Trinken von kohlensäurehaltigen Getränken.) Immer wenn es uns gelingt, eine charakteristische Weise des Erlebens zu identifizieren, können wir auch sagen, dass die entsprechenden mentalen Ereignisse einen bestimmten *Erlebnischarakter* (oder *phänomenalen Charakter*) oder eine bestimmte *Erlebnisqualität* (*phänomenale Qualität*) besitzen. Gelegentlich wird in der philosophischen Fachliteratur der Ausdruck »Qualia« (Singular »Quale«) synonym zu diesen Ausdrücken verwendet. Aber hier ist Vorsicht geboten, denn oft beinhaltet der Begriff des Quale bereits eine bestimmte *philosophische Deutung* dessen, was es für mentale Ereignisse heißt, einen bestimmten Erlebnischarakter oder bestimmte Erlebnisqualitäten zu besitzen. Insbesondere werden Qualia oftmals als bestimmte intrinsische Eigenschaften unserer eigenen mentalen Ereignisse definiert, in deren Gewahrwerden das sinnliche Erleben besteht. Eine solche Definition beinhaltet, dass es etwa im Fall der sinnlichen Wahrnehmung *neben* den Farben der wahrgenommenen Gegenstände noch *zusätzlich* entsprechende Eigenschaften unserer *Wahrnehmungen* – Qualia – gibt, in deren Gewahrwerden das Erleben der Farben der wahrgenommenen Gegenstände besteht. Das ist eine mögliche philosophische Auffassung des Erlebens, die wir gleich etwas ausführlicher untersuchen werden, aber sicherlich kein offensichtlicher Bestandteil unseres alltäglichen Begriffs des Erlebens. Ich werde im Folgenden den Ausdruck »Qualia« in dieser spezielleren Bedeutung verwenden, so dass man leugnen kann, dass es Qualia gibt, ohne damit bereits zu leugnen, dass es Erlebnisqualitäten im Sinne spezifischer Weisen des Erlebens gibt.

Bisher haben wir versucht, den Begriff des phänomenalen Bewusstseins vor allem mit Bezug auf Empfindungen wie Schmerzen zu erläutern. Eine solche Erläuterung läuft Gefahr, spezifische Merkmale dieser besonderen Art von Erlebnissen zu Merkmalen der Erlebnishaftigkeit insgesamt zu verallgemeinern. Es ist daher angebracht, den Fokus zu erweitern und zu versuchen, auch die Erlebnishaftigkeit anderer Arten von Erlebnissen in den Blick zu nehmen. Neben den Empfindungen sind es vor allem *Wahrnehmungserlebnisse*, die als paradigmatische Fälle phänomenal bewusster mentaler Ereignisse gelten. Eine Betrachtung der sinnlichen Wahrnehmung bietet außerdem die Möglichkeit, die Idee des phänomenalen Bewusstseins dadurch weiter zu bestimmen, dass genuine Wahrnehmung mit verwandten Phänomenen kontrastiert wird, die sich gerade in der Hinsicht von ihr unterscheiden, dass ihnen die Dimension des Erlebens *fehlt*. Wenn wir erläutern können, was es ist, das diese Phänomene von der genuinen Wahrnehmung unterscheidet, haben wir zumindest partiell erläutert, worin der Aspekt des Erlebens besteht, der für die genuine Wahrnehmung kennzeichnend ist.[80]

Ein Phänomen, mit dem die genuine Wahrnehmung kontrastiert werden kann, um den Aspekt der Erlebnishaftigkeit hervortreten zu lassen, ist das Phänomen der *subliminalen* (unterschwelligen) ›Wahrnehmung‹. Es ist inzwischen durch viele verschiedene Arten von Versuchen bestätigt, dass auch sinnliche Reize, die wir, wie gesagt wird, »nicht bewusst wahrnehmen« können, in der Lage sind, einen Einfluss auf unser Verhalten auszuüben. Visuelle Reize etwa, die so kurz dargeboten werden, dass Versuchspersonen angeben, sie nicht zu sehen, können dennoch deren Bewertung unmittelbar danach gesehener Dinge beeinflussen. Selbst Reize, die Personen *unter Narkose* etwa über Kopfhörer dargeboten werden, können einen Einfluss auf das Verhalten dieser Personen nach der Narkose ausüben.[81] Nun geht es uns nicht um die konkreten Details des Phänomens und auch nicht darum, in welchen Formen es auftritt. Allen Fällen gemeinsam ist, dass Personen Reizen ausgesetzt sind, die offenbar in irgendeiner Weise *registriert* werden, da sie einen Einfluss auf das zukünftige Verhalten ausüben, die aber aufgrund ihrer besonderen Beschaffenheit (etwa ihrer Kürze) oder der besonderen Situation der Person (Narkose) von ihr *nicht im genuinen Sinn wahrgenommen werden können.*

Warum das Phänomen der subliminalen ›Wahrnehmung‹ für eine Erläuterung des phänomenalen Bewusstseins hilfreich ist, können wir sehen, wenn wir den Fall der sogenannten »Chicken-Sexer« betrachten, auf den der australische Philosoph David Armstrong aufmerksam gemacht hat.[82] Hierbei handelt es sich um Personen, die die Fähigkeit besitzen, frisch geschlüpfte Küken zuverlässig in männliche und weibliche einzuteilen, und diese Fähigkeit auch routiniert und wissentlich zur Klassifikation von Küken ausüben. Das für unsere Zwecke Besondere an der Fähigkeit der Chicken-Sexer besteht darin, dass diese selbst keine Ahnung haben, anhand welcher Merkmale sie die Küken unterscheiden. Für sie ist es einfach so, dass sich beim Anblick eines Kükens unmittelbar die Überzeugung einstellt, dass es sich um ein männliches oder ein weibliches Küken handelt, aber sie sind nicht in der Lage, diese Überzeugung dadurch zu stützen, dass sie auf ein wahrnehmbares Merkmal verweisen.

Armstrong selbst sagt, dass es »natürlich« sei, diesen Fall so zu beschreiben, »dass männliche und weibliche Küken unterschiedliche Sinneseindrücke in dem Chicken-Sexer verursachen, und dass diese Eindrücke für seine Entscheidung verantwortlich sind, dass aber der Chicken-Sexer kein unmittelbares Bewusstsein dieser Sinneseindrücke besitzt«[83]. Wenn dies eine »natürliche« Darstellung des Phänomens sein soll, dann muss das so gemeint sein, dass die Küken für die Chicken-Sexer zwar unterschiedlich aussehen, dass der Unterschied im Aussehen, der für ihre Entscheidungen verantwortlich ist, aber von ihnen *nicht bemerkt* wird. Gemäß der Unterscheidung des letzten Abschnitts haben wir es mit einem Fall fehlenden *epistemischen* Bewusstseins zu tun.[84]

Die Existenz des Phänomens der subliminalen ›Wahrnehmung‹ scheint nun aber noch eine andere Deutung der Fähigkeit der Chicken-Sexer zu ermöglichen, und es ist keineswegs ausgemacht, dass diese weniger »natürlich« ist. Wir können nämlich auch annehmen, dass das Unterscheidungsvermögen der Chicken-Sexer auf dem *subliminalen Registrieren* bestimmter Merkmale der Küken beruht. Selbst dann, wenn die Chicken-Sexer diese Merkmale mithilfe ihres *Sehsinns* registrieren, sollten wir in diesem Fall aber wohl gerade *nicht* sagen, dass die Küken für sie unterschiedlich *aussehen*.

Es ist für unsere Zwecke nicht wichtig, welche der beiden Darstellungen die Fähigkeit der Chicken-Sexer richtig beschreibt. Wichtig ist nur, dass es sich hier um Darstellungen zweier verschiedener Phänomene handelt. In welchem Sinn die sinnliche Wahrnehmung ein sinnliches *Erleben* ist, können wir uns dann nämlich klarmachen, indem wir über den Unterschied dieser beiden Phänomene nachdenken. Gemäß der ersten Darstellung besteht für die Chicken-Sexer ein Unterschied im *Aussehen* der Küken, auf den man sie hinweisen könnte. Solche Hinweise sind nichts Unübliches. Immer wieder machen wir einander auf visuelle Merkmale von Dingen aufmerksam, die uns in der oberflächlichen Betrachtung entgehen, die wir aber bemerken, wenn unsere Aufmerksamkeit entsprechend gelenkt wird. Es ist dabei nicht so, als würden die Dinge für uns ihr Aussehen *verändern*, wenn wir auf das entsprechende Merkmal hingewiesen werden. Das Merkmal war die ganze Zeit schon *für uns da*, es war uns *visuell gegenwärtig*, aber wir haben es eben *nicht bemerkt*, bevor wir darauf hingewiesen wurden. Gemäß der zweiten Darstellung dagegen wäre ein solcher Hinweis *nicht möglich*, da für die Chicken-Sexer gar kein Unterschied im Aussehen des Kükens bestünde, auf den sie hingewiesen werden könnten. Wir können zwar auch in diesem Fall immer noch sagen, dass sie die Geschlechtsmerkmale ›sehen‹, aber was dieses ›Sehen‹ von dem üblichen Sehen visueller Merkmale unterscheidet, ist gerade, dass die entsprechenden Merkmale nicht visuell *erlebt* werden.

Ein anderer mit der subliminalen ›Wahrnehmung‹ verwandter Fall, der sich eignet, um den Aspekt des Erlebens in der sinnlichen Wahrnehmung zu verdeutlichen, ist die sogenannte »Blindsicht« (*blindsight*).[85] Blindsichtige Personen sind Personen, die als Folge einer Schädigung bestimmter Hirnregionen einen partiellen Ausfall ihres visuellen Feldes zu beklagen haben. Sie haben buchstäbliche »blinde Flecken« in ihrem visuellen Feld. Zwar werden visuelle Reize, die sich in den entsprechenden Regionen befinden, zumindest partiell von den Sehnerven aufgenommen und an das Gehirn weitergeleitet, scheinen aber nicht mehr zu entsprechenden Wahrnehmungen zu führen. Blindsichtige berichten aufrichtig, dass sie die entsprechenden Reize einfach nicht wahrnehmen. Für die Blindsichtigen ist es daher so, als wären sie lokal erblindet. Wie der Ausdruck »Blindsicht« bereits verrät, ist das aber noch nicht die ganze Geschichte. Wenn man Blindsichtige nämlich auffordert zu raten, was in den Regionen zu sehen sein könnte, in denen sie nichts mehr wahrnehmen zu können vermeinen, indem man sie zwischen einer Anzahl vorgegebener Alternativen entscheiden lässt – ob sich dort etwa ein Kreis oder ein Kreuz befindet –, dann geben sie signifikant häufiger eine richtige als eine falsche Antwort. Und wenn man sie auffordert, nach einem Gegenstand zu greifen, den sie nicht mehr wahrnehmen zu können vermeinen, dann sind die Richtung der Bewegung und die Stellung der Hand der Position und Gestalt des zu ergreifenden Gegenstands angepasst. Dies scheint sich wiederum nur so erklären zu lassen, dass ›ihnen‹ bestimmte Informationen über die Beschaffenheit der Dinge, die sie nicht wahrnehmen zu können vermeinen, in dem Sinn ›zur Verfügung stehen‹, dass diese Informationen einen Einfluss auf ihr Verhalten ausüben können.

Anders als für den Fall der Chicken-Sexer scheint Armstrongs »natürliche« Beschreibung, dass wir es hier mit einem fehlenden epistemischen Bewusstsein *von* vorhandenen visuellen Erlebnissen zu tun haben, für die Blindsicht nicht infrage zu kommen. Daher sollte an diesem Fall noch direkter einsichtig werden können, worin das phänomenale Bewusstsein im Fall des visuellen Wahrnehmens besteht. Es handelt sich um genau jenen Aspekt, der im Fall der Blindsicht fehlt und den wir vielleicht so beschreiben können, dass genuine visuelle Wahrnehmung beinhaltet, dass Eigenschaften der wahrgenommenen Dinge den Wahrnehmenden als Aspekte des *Aussehens* der Dinge *gegenwärtig* sind und in diesem Sinn von ihnen *erlebt* werden.

Was haben wir bisher erreicht? Im besten Fall konnten wir deutlich machen, welcher Aspekt eines mentalen Ereignisses gemeint ist, wenn von seiner Erlebnishaftigkeit die Rede ist. Damit hat die eigentliche philosophische Arbeit aber noch nicht einmal begonnen. Sie besteht darin zu erklären, was genau es für ein mentales Ereignis heißt, einen Erlebnischarakter zu besitzen. Es ist diese Frage, der wir uns jetzt zuwenden wollen.

4.3 Philosophische Auffassungen phänomenalen Bewusstseins

In diesem Abschnitt wollen wir einen Blick auf drei philosophische Auffassungen phänomenalen Bewusstseins werfen. Es wäre aus zwei Gründen nicht wirklich angemessen, hier von »Theorien« zu reden. Erstens handelt es sich bei diesen Auffassungen – zumindest so, wie sie im Folgenden dargestellt werden – mehr um grundlegende Herangehensweisen an das Phänomen denn um ausgefeilte Erklärungen. Darüber hinaus verbindet sich zumindest die erste Auffassung gelegentlich mit der Behauptung, dass es so etwas wie eine philosophische Theorie phänomenalen Bewusstseins gar nicht geben kann, da eine substanzielle Erklärung phänomenalen Bewusstseins (zumindest uns und zumindest gegenwärtig) nicht möglich ist.[86]

Ich werde in diesem Abschnitt so vorgehen, dass ich zunächst eine Auffassung phänomenalen Bewusstseins darstelle, die dessen philosophische Rätselhaftigkeit besonders herausstellt. Diese Auffassung, die ich die »Qualia-Auffassung« nenne, behauptet, dass der Erlebnischarakter mentaler Ereignisse als das Gewahrwerden intrinsischer Erlebniseigenschaften dieser Ereignisse verstanden werden muss. Anschließend werde ich zwei einflussreiche Versuche darstellen, zumindest in Ansätzen so etwas wie eine Theorie phänomenalen Bewusstseins zu entwickeln, indem Bewusstsein letztlich als eine Sache des mentalen *Gehalts* begriffen wird. Der erste Versuch, die »repräsentationale Theorie«, geht von der starken Intuition aus, dass die phänomenalen Qualitäten unserer sinnlichen Erlebnisse uns zunächst nicht als Qualitäten unserer mentalen Ereignisse, sondern als Qualitäten von wahrgenommenen Gegenständen erscheinen und daher Aspekte des repräsentationalen Gehalts von Erlebnissen darstellen. Der zweite Versuch, die »Gedanken-höherer-Ordnung-Theorie«, erklärt phänomenales Bewusstsein als das Haben von Gedanken über mentale Ereignisse einer bestimmten Art.

Die Qualia-Auffassung

Die Qualia-Auffassung des phänomenalen Bewusstseins versucht, phänomenale Qualitäten möglichst unmittelbar als eine bestimmte Art von Eigenschaften *mentaler Ereignisse selbst* zu begreifen. Wenn wir sagen, dass mit einem einzelnen mentalen Ereignis wie einem Schmerz, den wir zu einem bestimmten Zeitpunkt empfinden, eine bestimmte *Art des Erlebens* verknüpft ist, dann können wir das sicherlich so ausdrücken, dass wir sagen, dass der Schmerz eine bestimmte Eigenschaft hat, nämlich ein Erlebnis der und der Art – etwa ein pochender dumpfer Schmerz im kleinen Finger – zu sein. Die Qualia-Theorie können wir nun als die Ausarbeitung des Grundgedanken verstehen, dass ein einzelnes Ereignis *deswegen* ein Erlebnis einer bestimmten Art ist, *weil es eine bestimmte (eventuell komplexe) intrinsische Eigenschaft* besitzt, deren wir als Subjekte dieses Ereignisses gewahr werden. »Intrinsisch« in dem hier einschlägigen Sinn sind diejenigen Eigenschaften eines Dinges, die ihm völlig unabhängig von der Beschaffenheit und Existenz irgendwelcher anderen Dinge zukommen und die es daher nur verlieren oder gewinnen kann, wenn es sich selbst verändert. Eckig zu sein ist eine intrinsische Eigenschaft eines Buchs, teuer oder günstig zu sein nicht, da Dinge teuer oder günstig immer nur im Verhältnis zu anderen Dingen – anderen Waren, dem Durchschnittseinkommen usw. – sind. »Qualia«, so wie ich diesen Ausdruck hier verstehe, sollen also jene intrinsischen Eigenschaften mentaler Ereignisse sein, die den spezifischen *Erlebnischarakter* dieser Ereignisse ausmachen.

Oft werden mit dem Ausdruck »Qualia« darüber hinaus weitere Merkmale verbunden, etwa dass es sich hier um *vollständig bestimmte*, *basale* Erlebnisqualitäten handelt, aus denen sich der Erlebnischarakter eines jeden konkreten Erlebnisses ›zusammensetzt‹, oder dass es sich um Qualitäten handelt, die sich sprachlich nicht zum Ausdruck bringen lassen.[87] Diese zusätzlichen Festlegungen können wir hier jedoch beiseitelassen.

Der Qualia-Auffassung zufolge sind eine Reihe von *Erklärungen* dessen, was es für ein mentales Ereignis heißt, phänomenal bewusst zu sein, von vornherein ausgeschlossen. Viele unserer Erklärungen dessen, was es heißt, eine bestimmte Art von Gegenstand zu sein, sind nämlich *funktionale* Erklärungen, Erklärungen, die angeben, welche *kausale Rolle* Gegenstände dieser Art spielen, was sie unter welchen Bedingungen *tun*.[88] Erklärungen dessen, was ein Vergaser, ein Gewitter oder ein Gehirn ist, *beinhalten wesentlich* Beschreibungen der kausalen Rollen, die Dinge dieser Art spielen können. Zu verstehen, was Dinge dieser

Arten *sind*, beinhaltet zu verstehen, was sie *tun*. Dass das so ist, liegt daran, dass ein Ding dieser Art zu sein, zumindest partiell *darin besteht*, bestimmte Dinge zu tun oder tun zu können. Wenn Erlebnisqualitäten nun *intrinsische* Eigenschaften von mentalen Ereignissen sind, dann kann das Haben dieser Qualitäten offenbar *nicht* darin bestehen, eine bestimmte kausale Rolle zu spielen, denn eine kausale Rolle zu spielen heißt, in kausalen Relationen zu *anderen* (mentalen oder nicht-mentalen) Ereignissen zu stehen. Wenn die Qualia-Auffassung korrekt ist, kann phänomenales Bewusstsein nicht funktional erklärt werden.[89]

Die Qualia-Auffassung scheint mit Bezug auf jene Arten mentaler Zustände, die wir oben Empfindungen genannt haben, zumindest auf den ersten Blick plausibel: Der Erlebnischarakter eines Schmerzerlebnisses etwa scheint in nichts anderem zu bestehen, als sich auf eine bestimmte Weise anzufühlen. Wenn sich ein mentales Ereignis *so* anfühlt, *ist* es ein Schmerz, ganz egal, wodurch es verursacht wurde, welche anderen mentalen Ereignisse es zur Folge hat oder wie überhaupt das Wesen, für das es sich so anfühlt, physisch und mental ansonsten ausgestattet ist. Auch unsere übliche Beschreibung dessen, was geschieht, wenn wir unsere Aufmerksamkeit auf die spezifische Erlebnisqualität unseres Schmerzerlebnisses lenken, scheint die Qualia-Auffassung zu stützen: Wir achten auf die genaue Beschaffenheit *dieses einzelnen Schmerzerlebnisses selbst*, und auf nichts anderes.

Wenn wir allerdings den Fall der sinnlichen Wahrnehmung betrachten, gerät die Qualia-Auffassung schnell in Schwierigkeiten. Nehmen wir an, ich betrachte unter normalen Bedingungen aufmerksam nacheinander erst eine rote Farbtafel, dann eine blaue. Wenn alles gutgeht, habe ich nacheinander zwei einzelne Wahrnehmungserlebnisse, die sich in ihrem Erlebnischarakter deutlich voneinander unterscheiden und die wir als »mein Rot-Erlebnis« und »mein Blau-Erlebnis« bezeichnen können. Ganz offensichtlich mutet es seltsam an, die Unterschiede im Erlebnischarakter, die zwischen meinem Rot-Erlebnis und meinem Blau-Erlebnis bestehen, so zu begreifen, dass es sich hier um Unterschiede in intrinsischen Eigenschaften handelt, die ganz unabhängig von den Beziehungen bestehen, die diese Ereignisse zu anderen Dingen unterhalten. Andersherum, so scheint es, wird ein Schuh draus: Der Unterschied des Erlebnischarakters meiner beiden Erlebnisse *besteht* gerade darin, dass das eine Erlebnis das Sehen *von etwas Rotem*, das andere das Sehen *von etwas Blauem* ist.

Das wohl stärkste Argument zur Stützung der intuitiv plausiblen These, dass der Erlebnischarakter sinnlicher Wahrnehmungen nicht in intrinsischen Eigenschaften unserer Erlebnisse besteht, stützt sich auf die *Phänomenologie der Introspektion* sinnlicher Erlebnisse (in dem Sinn von »Phänomenologie«, den wir im ersten Kapitel eingeführt haben[90]). »Introspektion« meint hier die Tätigkeit des Aufmerkens auf Eigenschaften und des sich Bewusstwerdens von Eigenschaften der eigenen mentalen Ereignisse, während diese stattfinden. Betrachten wir, was geschieht, wenn wir unsere Aufmerksamkeit auf die spezifischen Erlebnisqualitäten eines Wahrnehmungserlebnisses zu richten versuchen. Nehmen wir an, ich werde aufgefordert, mir der Erlebnisqualitäten bewusst zu werden, die mein Rot-Erlebnis ausmachen und es von meinem Blau-Erlebnis unterscheiden. Es scheint nun, dass ich dieser Aufforderung entweder gar nicht oder höchstens auf eine *indirekte* Weise nachkommen kann: Ich kann die Aufforderung, meine Aufmerksamkeit auf *mein Rot-Erlebnis* zu richten, höchstens als die Aufforderung verstehen, meine Aufmerksamkeit *auf die rote Fläche zu richten, die ich sehe*. Stellen wir uns vor, wir sehen einen Baum. (Wenn wir Glück haben, brauchen wir uns das nicht vorzustellen, sondern können unseren Blick einfach für eine Weile auf einen Baum in unserer Umgebung richten.) Der Erlebnischarakter unseres Wahrnehmungserlebnisses besteht, wie wir vielleicht sagen können, in einer Vielfalt von Farb- und Gestalterlebnissen: Wir erleben die Anordnung von Farben auf der Oberfläche des Stamms und die Farbe der Äste vor der des Himmels. Aber wie kann man auf die Idee kommen, dass diese erlebten Qualitäten Eigenschaften *unseres Erlebnisses* sind? Wie der amerikanische Philosoph Gilbert Harman in einem viel beachteten Aufsatz schreibt:

»Wenn Sie einen Baum sehen, dann erleben Sie keine Eigenschaften als intrinsische Eigenschaften Ihres Erlebens. Schauen Sie sich einen Baum an und versuchen Sie, Ihre Aufmerksamkeit auf intrinsische Eigenschaften Ihres visuellen Erlebnisses zu richten. Ich verspreche Ihnen, daß die einzigen Eigenschaften, auf die Sie Ihre Aufmerksamkeit werden richten können, Eigenschaften des repräsentierten Baums sein werden [...].«[91]

Ganz allgemein scheint zu gelten, dass man sich der Erlebnisqualitäten seiner eigenen Wahrnehmungserlebnisse höchstens in dem Sinn bewusst werden kann, dass man sich bestimmter Eigenschaften der wahrgenommenen Dinge bewusst wird. Diese These wird auch als die These der *Transparenz* (der Introspektion) des sinnlichen Wahrnehmens bezeichnet. Wir können sie wie folgt auf den Punkt bringen:

(Trans) In der Introspektion unserer eigenen sinnlichen Wahrnehmungen sind wir uns direkt niemals der Beschaffenheit dieser Erlebnisse bewusst, sondern immer nur der Beschaffenheit der wahrgenommenen Gegenstände.[92]

Wenn das stimmt, dann ist die Qualia-Auffassung damit zwar nicht in einem strikten Sinn widerlegt. Dass mir die Erlebnisqualitäten von Wahrnehmungserlebnissen nicht (direkt) zugänglich sind, heißt nicht, dass es sie nicht gibt. Aber es sollte Grund genug sein, nach einer alternativen Auffassung des Erlebnischarakters der sinnlichen Wahrnehmung Ausschau zu halten, aus der die Transparenz zwanglos folgt.

Eine solche Auffassung ist die sogenannte »repräsentationale Theorie des phänomenalen Bewusstseins«.

Die repräsentationale Theorie

Der repräsentationalen Theorie zufolge ist phänomenales Bewusstsein ein Phänomen, das ausschließlich den mentalen oder repräsentationalen *Gehalt* von Erlebnissen betrifft. Ein mentales Ereignis hat genau dann einen mentalen Gehalt, wenn es die Welt als auf eine bestimmte Art und Weise seiend darstellt.[93] Wir haben im letzten Kapitel ausführlich diskutiert, was das im Fall von Gedanken heißt, und können einige der Ergebnisse wiederholen: Wir haben den Gehalt von Gedanken von den *Gegenständen* unterschieden, von denen sie handeln (wenn sie von welchen handeln), und von den *Tatsachen*, die bestehen, wenn Gedanken bzw. ihre Gehalte *wahr* sind. Diese Unterscheidung lässt sich zwanglos auch auf Erlebnisse übertragen: Mein Rot-Erlebnis etwa stellt die Welt als auf eine bestimmte Weise seiend dar, nämlich als an einem bestimmten Ort eine rote Fläche enthaltend, und hat daher einen Gehalt, den ich etwa mit den Worten zum Ausdruck bringen kann, dass »sich vor mir eine rote Fläche befindet«. Wenn mein Rot-Erlebnis die Welt *richtig* darstellt, dann gibt es an dem entsprechenden Ort tatsächlich eine rote Fläche, einen Gegenstand, von dem mein Erlebnis handelt. Wenn es sich bei meinem Erlebnis um eine Halluzination oder um ein Nachbild handelte, könnte es, so scheint es jedenfalls, denselben repräsentationalen Gehalt besitzen, auch wenn es keinen entsprechenden Gegenstand gäbe.[94] Die repräsentationale Theorie des phänomenalen Bewusstseins besteht nun aus den folgenden beiden Thesen: *Ers-*

tens besitzt jedes Erlebnis – jedes phänomenal bewusste mentale Ereignis – einen mentalen Gehalt; und *zweitens* besteht der phänomenale Charakter eines Erlebnisses *ausschließlich aus bestimmten Aspekten dieses Gehalts*. Der besondere Erlebnischarakter meines Rot-Erlebnisses etwa ist dieser Auffassung zufolge ein Aspekt der spezifischen Art und Weise, in der mein Erlebnis die Welt als seiend repräsentiert. Das passt offenbar gut zu der Transparenz der Introspektion des Erlebens: Wenn ich meine Aufmerksamkeit auf die spezifischen Qualitäten des Erlebnisses richten möchte, kann ich nicht anders, als sie auf die Qualitäten der Fläche zu richten, die mein Erlebnis als vor mir befindlich repräsentiert.[95]

Ihre Überzeugungskraft entfaltet die repräsentationale Theorie anhand von Beispielen aus dem Bereich der sinnlichen Wahrnehmung.[96] Was ist aber mit reinen Empfindungen wie Schmerzen oder Übelkeit? Oder mit Stimmungen wie einem Glücksgefühl oder einem Gefühl der Niedergeschlagenheit? Nehmen wir an, wir haben Schmerzen in unserem rechten Bein. Hier ist die Beschreibung, die Harman von dieser Situation gibt:

»Denken Sie z. B. an das Erlebnis, einen Schmerz in Ihrem rechten Bein zu haben. Es ist sehr verlockend, Eigenschaften dessen, was Sie als in Ihrem Bein stattfindend erleben, mit intrinsischen Eigenschaften des Erlebens selbst zu verwechseln. Aber die repräsentierten Vorgänge in Ihrem Bein sind das intentionale Objekt Ihres Erlebnisses und nicht das Erlebnis selbst. Der Gehalt Ihres Erlebnisses ist, daß es in Ihrem rechten Bein eine Schädigung einer ganz bestimmten Art gibt. Das intentionale Objekt des Erlebnisses ist ein Ereignis in Ihrem rechten Bein.«[97]

Aber dieser Beschreibung fehlt die intuitive Plausibilität, die ihr Gegenstück für den Fall der sinnlichen Wahrnehmung besitzt. Um sich das klarzumachen, muss man bedenken, dass die Behauptung der repräsentationalen Theorie nicht einfach die ist, dass Schmerzerlebnisse *irgendeinen* intentionalen Gehalt besitzen, der etwa darin bestehen könnte, dass eine bestimmte Region des eigenen Körpers einen Schaden aufweist. Die repräsentationale Theorie beinhaltet die stärkere Behauptung, dass *Erlebnisqualitäten* nichts anderes als Aspekte des repräsentationalen Gehalts von mentalen Ereignissen sind. Wie können wir uns das vorstellen? Folgen wir Harman in dem Gedanken, dass der Gegenstand, der von unserem Schmerzerlebnis repräsentiert wird, ein Ereignis in unserem rechten Bein ist, ein Wespenstich vielleicht. Der repräsentationalen Theorie zufolge muss nun die Erlebnisqualität des Schmerzes ebenfalls ein Aspekt des Gehalts sein, also wohl eine von dem Erlebnis repräsentierte Eigenschaft des von dem Erlebnis repräsentierten Gegenstands, des Wespenstichs. Das scheint auf den ersten Blick auch genau das zu sein, was wir mit Wendungen wie »Dieser Wespenstich tut höllisch weh« zum Ausdruck bringen. Der Fall des Schmerzerlebnisses wird damit völlig analog zum Fall der visuellen Wahrnehmung begriffen. Um uns das klarzumachen, nehmen wir an, dass wir auf unser Bein blicken und bemerken, dass der Stich bereits knallrot ist. Hier haben wir dann ein Ereignis, den Wespenstich, das von unserem Schmerzerlebnis als eines repräsentiert wird, das eine bestimmte Schmerzqualität aufweist, und von unserem visuellen Erlebnis als eines, das eine bestimmte Farbqualität aufweist.

Aber diese Parallelisierung unterschlägt einen fundamentalen Unterschied zwischen der Phänomenologie der Farbwahrnehmung und der des Schmerzempfindens: Farben werden als Eigenschaften von Gegenständen erfahren, die in dem Sinn *objektiv* sind, dass die Gegenstände sie ganz unabhängig von der jeweiligen Wahrnehmung dieser Eigenschaften besitzen. Schmerzen hingegen werden *nicht* als in diesem Sinn *objektive* Eigenschaften von Ereignissen in meinem Körper erfahren. Farben begegnen uns im

Erleben als *Eigenschaften von Gegenständen* des Erlebens, Schmerzen begegnen uns als *Weisen* des Erlebens.

Damit hängt zusammen, dass im Fall von Schmerzerlebnissen eine bestimmte Art von Täuschung ausgeschlossen ist, die nicht ausgeschlossen sein dürfte, wenn es sich bei Schmerzen um Aspekte mentalen Gehalts handelte. Im Fall der sinnlichen Wahrnehmung etwa können wir die Dinge als anders gefärbt erleben, als sie tatsächlich gefärbt sind. Diesen Sachverhalt kann eine repräsentationale Auffassung der Erlebnisqualitäten der sinnlichen Wahrnehmung gut erklären. Dass ein mentales Ereignis einen mentalen Gehalt hat, bedeutet, dass es die Welt als auf eine bestimmte Weise seiend darstellt. Das impliziert offenbar das Risiko, die Welt *anders* darzustellen, als sie tatsächlich ist. Wenn Schmerzerlebnisse nun in Analogie zur sinnlichen Wahrnehmung begriffen werden, dann müsste auch hier das Risiko einer Fehlrepräsentation in dem Sinn bestehen, dass ich ein Ereignis in meinem Körper als auf eine bestimmte Weise schmerzhaft erlebe, obwohl es tatsächlich auf eine ganz andere Weise (oder gar nicht) schmerzhaft ist. Aber das ist natürlich absurd. Mein Schmerzerlebnis kann mich über die tatsächliche Beschaffenheit meines körperlichen Zustands täuschen, aber nicht über die tatsächliche Beschaffenheit meiner Schmerzen.

Wir hatten gesehen, dass die Qualia-Auffassung vor allem als eine Auffassung der Erlebnishaftigkeit sinnlicher Wahrnehmung wenig plausibel erscheint. Die repräsentationale Auffassung nun offenbart eine komplementäre Schwäche mit Bezug auf Empfindungen. Das ist vielleicht kein Zufall, sondern ein Hinweis auf die Tatsache, dass Erlebnisse nicht die einheitliche Klasse mentaler Ereignisse sind, als die wir sie im bisherigen Verlauf dieses Kapitels darzustellen versucht haben. Es scheint zur Phänomenologie des Erlebens zu gehören, dass die Erlebnisqualitäten von Empfindungen Eigenschaften der Erlebnisse selbst sind – Weisen des Erlebens, wie wir es oben genannt haben, nicht Gegenstände des Erlebens –, während für die Phänomenologie der Wahrnehmung genau das Gegenteil zu gelten scheint. Wenn das stimmt, dann scheinen die beiden bisher betrachteten Auffassungen phänomenalen Bewusstseins jeweils nur einer der beiden Arten von Erlebnissen zwanglos gerecht werden zu können.

Die Gedanken-höherer-Ordnung-Theorie

Die Idee des mentalen Gehalts lässt sich aber noch auf eine andere Weise zum Einsatz bringen, um phänomenales Bewusstsein zu erklären. Dieser Auffassung zufolge, die besonders einflussreich von dem amerikanischen Philosophen David Rosenthal entwickelt wurde, sollten wir *phänomenal* bewusste mentale Ereignisse als einen speziellen Fall *bewusster* Ereignisse begreifen und bewusste mentale Ereignisse als jene mentalen Ereignisse, die nicht nur gerade stattfinden, sondern von denen wir darüber hinaus *denken*, *dass* sie gerade stattfinden.[98] Insofern diese für Bewusstsein konstitutiven Gedanken nicht einfach Gedanken über die Welt, sondern Gedanken über die eigenen mentalen Ereignisse inklusive eigener Gedanken sind, hat es sich eingebürgert, diese Gedanken als Gedanken »höherer Ordnung« zu bezeichnen.

Die Idee, dass Bewusstsein in dem mentalen Repräsentieren mentaler Ereignisse besteht, hat einen berühmten Vorreiter in der Konzeption des inneren Sinns, wie sie sich erstmals bei John Locke ausgeführt findet. Der innere Sinn wird von Locke als unser Vermögen begriffen, mentale ›Gegenstände‹ oder das Stattfinden mentaler Ereignisse zu ›beobachten‹ – in Analogie zu dem äußeren Sinn als dem Vermögen, physische Gegenstände und das Stattfinden physischer Ereignisse zu beobachten.[99] Nun ist diese Analogie mindestens insofern irreführend, als die einzigen Erlebnisqualitäten, die sich in unserem bewussten mentalen Leben vorfinden lassen, die üblichen Erlebnisqualitäten ›erster Ordnung‹ sind, die wir bisher unter dem Begriff des phänomenalen Bewusstseins untersucht haben. Spezifische Erlebnisqualitäten ›zweiter Ordnung‹, die es rechtfertigen würden, das Bewusstsein von den eigenen mentalen Ereignissen als eine Form der *Sinnlichkeit* zu begreifen, scheint es nicht zu geben.[100] Die naheliegende Alternative ist, Bewusstsein nicht als eine Sache des *Erlebens* der eigenen mentalen Ereignisse zu begreifen, sondern als eine Sache des *Denkens* daran, als eine Sache des *Denkens von Gedanken, deren Gehalt es ist, dass ein mentales Ereignis stattfindet.*[101]

Das »Bewusstsein höherer Ordnung«, wie wir es vielleicht nennen können, ist offenbar eng mit dem *epistemischen* Bewusstsein verwandt. Ein mentaler Zustand oder ein mentales Ereignis ist im epistemischen Sinn genau dann bewusst, so hatten wir bestimmt, wenn wir wissen, dass wir uns in diesem Zustand befinden, während wir uns darin befinden, oder wissen, dass dieses Ereignis stattfindet, während es stattfindet. Bewusstsein höherer Ordnung unterscheidet sich vom epistemischen Bewusstsein allein dadurch, dass die Gedanken höherer Ordnung, die es konstituieren, nicht als mentale *Zustände* des Wissens oder des Überzeugtseins begriffen werden, sondern als *mentale Ereignisse des Denkens von Gedanken über die eigenen mentalen Ereignisse.*[102]

Das könnte so klingen, als würde die Gedanken-höherer-Ordnung-Theorie behaupten, dass nur diejenigen mentalen Ereignisse bewusst sein können, von denen wir gerade bewusst denken, dass sie gerade stattfinden. Aber das wäre ein Irrtum. Denn für das Denken von Gedanken höherer Ordnung soll genau dasselbe gelten wie für die mentalen Ereignisse erster Ordnung: Sie sind bewusst genau dann, wenn wir einen Gedanken (noch) höherer Ordnung denken, der den Gehalt hat, dass wir einen entsprechenden Gedanken (höherer Ordnung) denken. Genau das findet im Fall der Introspektion statt, wenn wir auf eine bewusste Weise versuchen, uns unserer eigenen mentalen Ereignisse bewusst zu werden. In der Regel aber findet das unsere bewussten mentalen Ereignisse begleitende und ihre Bewusstheit konstituierende Denken von Gedanken höherer Ordnung selbst unbewusst statt.

Die Verwandtschaft zwischen epistemischem Bewusstsein und Bewusstsein höherer Ordnung könnte uns daran zweifeln lassen, dass Letzteres überhaupt etwas mit phänomenalem Bewusstsein zu tun haben kann, wie es bisher der Gegenstand dieses Kapitels war. Und tatsächlich ist die Grundidee der Gedanken-höherer-Ordnung-Theorie, dass wir scharf zwischen Erlebnishaftigkeit (bzw. dem Haben von Erlebnisqualitäten) auf der einen Seite und Bewusstsein auf der anderen Seite unterscheiden sollten. Die Rede von einem »phänomenalen Bewusstsein« vermengt dieser Auffassung zufolge zwei begrifflich und sachlich voneinander unabhängige Dinge und muss daher zu philosophischen Verwirrungen führen.

In den normalen Fällen des Empfindens und des sinnlichen Erlebens haben wir es zwar mit mentalen Ereignissen zu tun, die *sowohl* einen Erlebnischarakter besitzen *als auch* bewusst im Sinne des Bewusstseins höherer Ordnung sind. Dass Erlebnisqualitäten aber auch ohne Bewusstsein existieren können, zeigt das bereits erwähnte Phänomen vorübergehend unbemerkter Schmerzen: Hier haben wir ein mentales Ereignis mit einem Erlebnischarakter, das für eine gewisse Zeit unserer Aufmerksamkeit und damit unserem Bewusstsein höherer Ordnung entgeht. Und schließlich müssen wir nicht ausschließen, dass es Fälle etwa des Bewusstseins von *Gedanken* geben kann, in denen das, was uns durch einen Gedanken höherer Ordnung bewusst ist, selbst *keine* Erlebnisqualitäten besitzt.

Die Gedanken-höherer-Ordnung-Theorie des phänomenalen Bewusstseins ist also eigentlich eine Gedanken-höherer-Ordnung-Theorie des *Bewusstseins*, die phänomenales Bewusstsein als das Bewusstsein von *Ereignissen mit einem qualitativen Charakter* begreift. Damit steht sie vor der nicht ganz leichten Aufgabe zu erklären, was es für mentale Ereignisse heißt, einen qualitativen Charakter zu besitzen, ohne bereits – wie in den gängigen Beispielen oder den üblichen Erklärungen durch den Begriff des Erlebens oder dessen, wie es ist, das Subjekt entsprechender Ereignisse zu sein – die Idee des Bewusstseins ins Spiel zu bringen.[103]

Die eigentlichen Schwierigkeiten der Gedanken-höherer-Ordnung-Theorie haben aber mit ihrer Konzeption des Bewusstseins zu tun. Ohne Bewusstsein höherer Ordnung schrumpft dieser Auffassung zufolge das Erleben auf das zusammen, was in unserem Geist vor sich geht, wenn wir einen Schmerz erleben, den wir gerade nicht bemerken. Intuitiv trauen wir Säuglingen und vielen Arten von Tieren nun offenbar mehr zu als das. Bereits die einfache Fähigkeit zur *Aufmerksamkeit* auf bestimmte Aspekte des Erlebten setzt sicherlich voraus, dass man Erlebnisse nicht nur in dieser ›unbewussten Weise‹ hat, sondern in der Weise, auf die der Begriff des phänomenalen Bewusstseins zielt. Der Schritt vom ›unbewussten Erleben‹ zum phänomenalen Bewusstsein ist der Gedanken-höherer-Ordnung-Theorie zufolge nun aber ein großer Schritt, der eine Reihe kognitiver Vermögen voraussetzt. Es bedarf nicht nur der Fähigkeit, Gedanken zu denken und entsprechende Begriffe zu beherrschen, sondern darüber hinaus der Fähigkeit, Gedanken *über die eigenen mentalen Ereignisse* zu denken und entsprechende Begriffe zu beherrschen. Ist das tatsächlich eine Fähigkeit, die wir all jenen Wesen zusprechen können, von denen wir annehmen müssen, dass sie in der Lage sind, phänomenal bewusst zu erleben?[104]

Die Idee des phänomenalen Bewusstseins scheint sich selbst den einfachsten Erklärungen durch andere mentale Begriffe wie den des Gehalts zu widersetzen. Umso mehr widersetzt sie sich den wissenschaftlichen Erklärungen der Psychologie oder der Kognitionswissenschaft, die wir hier nicht einmal berührt haben. Den Grund dafür hat wohl am klarsten Thomas Nagel in dem berühmten Aufsatz formuliert, der den Ausgangspunkt der neueren philosophischen Literatur zum phänomenalen Bewusstsein bildet: Insofern der Begriff des phänomenales Bewusstsein den Aspekt des subjektiven Erlebens bezeichnet, scheint es sich hier um etwas zu handeln, das sich nur aus der subjektiven Perspektive des Erlebens selbst begreifen lässt und das damit jedem objektivierenden Zugriff, jeder Erklärung in anderen Begriffen – Begriffen, die sein Verhältnis zum Verhalten, zu kognitiven oder sprachlichen Vermögen, zu seinen Ursachen in der Umwelt oder Vorgängen im Gehirn, mit denen es offenbar korreliert, betreffen – widerstehen muss. Die objektive Natur von Dingen begreifen wir üblicherweise, indem wir sie aus einer Perspektive betrachten, die soweit wie möglich davon absieht, wie uns die Dinge aus einer subjektiven Perspektive erscheinen. Das subjektive Erleben lässt sich so aber nicht begreifen. Wir scheinen nicht einmal zu verstehen, was es heißen könnte, dass es eine objektive Natur besitzt, die von uns begriffen werden kann.[105]

Angesichts dieser Situation ist es verständlich, dass Stimmen laut geworden sind, die behaupten, dass es hier gar nichts zu begreifen gibt, dass alle Fragen, die sich sinnvollerweise über das Wesen des Bewusstseins stellen lassen, mit wissenschaftlichen Mitteln beantwortet werden können und dass die Idee, dass es ein darüber hinausgehendes Rätsel des subjektiven Erlebens gebe, eine Erfindung der Philosophie ist.[106]

5. Gibt es ein Merkmal des Mentalen?

Bisher haben wir uns auf unsere sprachlichen oder begrifflichen Intuitionen verlassen, wenn es darum ging, ein Ereignis oder einen Zustand als »mental« zu klassifizieren. Schmerzen zu empfinden, sich auf den Urlaub zu freuen oder bedrückt zu sein begreifen wir umstandslos als mentale Ereignisse und Zustände, 1,80 Meter groß zu sein, zu schwitzen oder Studentin zu sein als nicht-mentale Ereignisse und Zustände. Aber die Philosophie darf sich damit nicht zufriedengeben. Sie muss fragen, ob diese Unterscheidung einem Prinzip gehorcht, das sich angeben lässt, ob es ein bestimmtes, begrifflich artikulierbares Merkmal gibt, dessentwegen wir alle und nur die Dinge der ersten Gruppe als etwas Mentales begreifen. Die Suche nach einem solchen Merkmal wird heute oft als die Suche nach einem »Merkmal des Mentalen« bezeichnet.

In Formulierungen wie den eben gewählten schieben sich zwei ganz unterschiedliche Probleme ineinander. Das eine ist das *epistemische* Problem, anhand welchen Merkmals wir das Mentale von dem Nicht-Mentalen *unterscheiden*. Das zweite ist das eigentlich philosophische Problem, ob es ein einheitliches *Wesen* des Mentalen gibt, ein einheitliches Merkmal, dessentwegen sich das Mentale von allem anderen *unterscheidet* und anhand dessen es von uns als Mentales *begriffen* wird.[107] Insofern wir als Philosophinnen und Philosophen an der Suche nach einem Merkmal des Mentalen interessiert sind, sollte es das zweite Problem sein, auf das wir unser Augenmerk richten. Dass die Merkmale, anhand deren wir Dinge als Dinge einer bestimmten Art erkennen, nichts mit dem Wesen oder unserem Begriff dieser Dinge zu tun haben müssen, kann man sich an vielen Beispielen klarmachen: Bedeutende Kunstwerke erkennen wir etwa zuverlässig daran, dass sie im Museum hängen, aber das ist sicherlich nicht Teil (unseres Verständnisses) dessen, was bedeutende Kunstwerke ausmacht.

Es ist nicht klar, dass unsere Suche nach einem Merkmal des Mentalen Erfolg haben muss. Spätestens seit Ludwig Wittgensteins *Philosophischen Untersuchungen* wird bei Unternehmungen dieser Art gerne darauf verwiesen, dass die Grundlage für unsere sprachliche oder begriffliche Klassifikation von Dingen nicht immer in einem strikten Sinn gemeinsame und unterscheidende Merkmale sein müssen. Vielleicht stützen wir uns stattdessen bloß, wie Wittgenstein es formulierte, auf »ein kompliziertes Netz von Ähnlichkeiten, die einander übergreifen und kreuzen«[108]. Es kann sein, dass wir eine Menge von Dingen deshalb als eine Klasse begreifen, weil sie einander ähnlicher sind als allen anderen Dingen, ohne dass es dabei ein bestimmtes Merkmal geben müsste, das *jedes* von ihnen besitzt, und ohne dass es ein Merkmal geben müsste, das *nur* sie und keine anderen Dinge besitzen. Wittgenstein spricht in solchen Fällen von »Familienähnlichkeiten«. Sein berühmtes Beispiel für eine Klasse von Dingen, die auf diese Weise zusammengehalten wird, sind die Spiele. Viele Spiele machen Spaß, viele Spiele sind kompetitiv, viele Spiele beinhalten belebende körperliche Betätigung, viele Spiele sind gemeinsame Aktivitäten, viele Spiele fördern die Geschicklichkeit, viele Spiele haben Regeln usw. Etwas, das alle diese Merkmale hat, ist wahrscheinlich ein Spiel, etwas, das keines dieser Merkmale besitzt, wahrscheinlich keines. Aber keines dieser Merkmale und auch keine Gruppe dieser Merkmale findet sich bei allen und nur den Spielen. Vielleicht bilden auch die mentalen Phänomene eine Familie in diesem Sinn. In dem Fall gäbe es so etwas wie *das* Merkmal des Mentalen, das die Philosophie des Geistes auf den Begriff bringen könnte, gar nicht.

Aber selbst wenn das so sein sollte, wäre doch die Suche nach einem solchen Merkmal nicht umsonst. Denn alle ernsthaften Kandidaten, die bei dieser Suche überprüft werden, sind zumindest für unser Verständnis des Mentalen zentrale Merkmale vieler mentaler Zustände und Ereignisse. Sie begrifflich zu bestimmen und zueinander in Beziehung zu setzen wäre auch dann noch ein wichtiger Teil einer philosophischen Untersuchung des Mentalen, wenn sich herausstellen sollte, dass sie weder Merkmale aller mentalen Zustände sind, noch ausschließlich mentale Zustände kennzeichnen.

Zwei der Kandidaten haben wir bereits kennengelernt. Alle mentalen Zustände und Ereignisse, die wir bisher besprochen haben, weisen einen mentalen Gehalt oder phänomenales Bewusstsein auf. Es stellt sich daher die Frage, ob eines dieser beiden Phänomene vielleicht das gesuchte Merkmal des Mentalen ist. Bevor wir das diskutieren, wollen wir jedoch ein weiteres Merkmal betrachten, das in der philosophischen Tradition immer wieder dazu gedient hat, das Mentale von anderen Dingen abzugrenzen. Hierbei handelt es sich um den besonderen epistemischen Zugang, den wir zu unseren eigenen mentalen Zuständen und Ereignissen zu besitzen scheinen.

5.1 ›Privilegierter Zugang‹

In der philosophischen Tradition ist immer wieder die These vertreten worden, dass sich unsere epistemische Situation gegenüber unseren eigenen mentalen Zuständen und Ereignissen – grob gesprochen: unser Wissen von unserem eigenen Geist – sowohl von unserer epistemischen Situation gegenüber der objektiven

Welt als auch von der gegenüber den mentalen Zuständen und Ereignissen anderer wesentlich unterscheidet. Wenn das der Fall sein sollte, dann könnten wir umgekehrt die mentalen Zustände und Ereignisse eines Wesens dadurch zu kennzeichnen versuchen, dass es diejenigen Zustände und Ereignisse sind, denen gegenüber es sich in dieser besonderen epistemischen Situation befindet.[109]

Das prominenteste und historisch einflussreichste Beispiel für ein solches Vorgehen findet sich in Descartes' zweiter Meditation. Dort fragt sich Descartes, welche seiner Zustände und Ereignisse – bzw. welche seiner Vermögen, solche Zustände und Ereignisse hervorzubringen – zu ihm als einem denkenden Wesen gehören. Da Descartes den Begriff des Denkens in einem weiten Sinn verwendet, der *jede* Tätigkeit des Geistes meint, läuft seine Frage offenbar auf dasselbe hinaus wie die Frage danach, was mentale Fähigkeiten, Ereignisse oder Zustände von allen anderen unterscheidet. In der entscheidenden Passage gibt Descartes folgende Antwort:

»Was ist es, das man von meinem Denken unterscheiden mag? Was ist es, von dem gesagt werden könnte, es sei von mir selbst abgetrennt? Denn, daß ich selbst es bin, der ich zweifle, der ich einsehe, der ich will: das ist so offenkundig, daß sich nichts findet, durch das es noch evidenter erklärt werden kann. Ich selbst bin aber auch derselbe, der vorstellt; denn obwohl vielleicht, wie ich vorausgesetzt habe, schlicht überhaupt kein vorgestelltes Ding wahr ist, existiert die Kraft, vorzustellen tatsächlich und macht einen Teil meines Denkens aus. Und außerdem bin ich dasselbe Ich, der ich sinnlich wahrnehme, bzw. der körperliche Dinge gleichsam durch die Sinne bemerkt: ich sehe nämlich jetzt das Licht, höre das Geräusch, empfinde die Wärme. Zwar ist das falsch, ich schlafe nämlich. Sicherlich aber scheine ich zu sehen, zu hören, warm zu werden. Es ist nicht möglich, daß dies falsch ist; dies ist in eigentlichem Sinne das, was in mir *Sinnliches Wahrnehmen* genannt wird; und dies genau so aufgefaßt ist nichts anderes als Denken.«[110]

In welcher Weise ist der Geist, wie Descartes es in der Überschrift zur zweiten Meditation formuliert, »bekannter« als der Körper? Das entscheidende Merkmal, das Descartes nennt, besteht darin, dass mit Bezug auf geistige Zustände und Ereignisse kein Unterschied zwischen Schein und Sein zu bestehen scheint: Wenn es mir scheint, als befinde ich mich in einem bestimmten mentalen Zustand oder als geschehe ein bestimmtes mentales Ereignis, dann »kann [dies] nicht falsch sein«, was nichts anderes heißt, als dass ich mich *tatsächlich* in ihm befinden oder es *tatsächlich* geschehen muss.

In der philosophischen Literatur hat sich für eine solche epistemische Situation gegenüber einem bestimmten Bereich von Sachverhalten der Begriff der *Unfehlbarkeit* eingebürgert, der meistens wie folgt definiert wird:

> (Unf) *P* ist in Hinblick auf eine bestimmte Klasse von Sachverhalten unfehlbar genau dann, wenn es unmöglich ist, dass *P* mit Bezug auf einen dieser Sachverhalte glaubt, dass er besteht, dieser aber nicht besteht.[111]

Viele neuzeitliche Philosophen, die im Anschluss an Descartes über den Geist nachgedacht haben, fanden es natürlich, anzunehmen, dass wir mit Bezug auf unsere mentalen Zustände und Ereignisse in diesem Sinn unfehlbar sind. In John Lockes *Essay* lesen wir etwa sehr ähnlich:

> »[A] man cannot conceive himself capable of a greater certainty than to know that any idea in his mind is such as he perceives it to be [...].«[112]

(Wobei »idea« Lockes Ausdruck für alles ist, was überhaupt den Geist bevölkern kann.) Und in Humes *Treatise* heißt es:

»[S]ince all actions and sensations of the mind are known to us by consciousness, they must necessarily appear in every particular what they are, and be what they appear.«[113]

In dem Zitat von Hume kommt bereits eine zweite These über unsere besondere epistemische Situation gegenüber unseren eigenen mentalen Zuständen und Ereignissen zur Sprache, die wir als »Allwissenheit« bezeichnen können und die sozusagen das Gegenstück zur Unfehlbarkeit bildet:

> (Allw) *P* ist in Hinblick auf eine bestimmte Klasse von Sachverhalten allwissend genau dann, wenn es unmöglich ist, dass einer dieser Sachverhalte besteht, ohne dass *P* weiß, dass er besteht.[114]

Gegen die These, dass Unfehlbarkeit oder Allwissenheit das Merkmal des Mentalen darstellen, ist immer wieder eingewandt worden, dass sie, wenn überhaupt, nur auf eine sehr begrenzte Klasse mentaler Zustände und Ereignisse zuzutreffen scheinen. Die These etwa, dass ich mich mit Bezug darauf nicht irren kann, ob ich gerade denke, dass es schön wäre, einen Kaffee zu trinken, ob ich mich gerade an die letzte Party erinnere, ob ich gerade stechende Kopfschmerzen habe oder ob ich gerade ein rotes Nachbild sehe, hat zumindest auf den ersten Blick eine große Plausibilität. Aber wir sollten bedenken, welch weiten Bereich von Eigenschaften wir intuitiv als mental einzustufen bereit waren. Es hat nicht den Hauch von Plausibilität, dass ich mich nicht mit Bezug darauf täuschen kann, ob ich intelligent oder mutig oder niedergeschlagen bin oder ob ich auf einen Kollegen neidisch bin oder den Wunsch habe, meinen Vater zu töten, oder meine Schwester beneide.

Nun ist es sicherlich nicht so, dass Descartes, Locke und Hume übersehen hätten, dass feige Menschen sich für tapfer und dumme Menschen sich für klug halten können. Es ist vielmehr so, dass sie ein sehr viel engeres Verständnis des Mentalen hatten. Sie begreifen als Mentales im engeren Sinn nur die jeweils *gegenwärtigen mentalen Ereignisse*, also etwa das gegenwärtige Denken eines Gedankens, das gegenwärtige Empfinden eines Schmerzes oder das gegenwärtige Fühlen einer freudigen Erregung. Ihre These ist daher, wie wir vielleicht sagen können, dass ich mich nicht darüber im Irrtum befinden kann und mir nichts von dem entgehen kann, was sich *gegenwärtig in meinem Geist abspielt.*[115] Und diese These ist zumindest nicht mehr offensichtlich falsch.

Aber falsch scheint sie dennoch zu sein. So haben wir bereits im Kontext der Diskussion des phänomenalen Bewusstseins darauf verwiesen, dass gegenwärtige mentale Ereignisse wie leichte Schmerzen bei ausreichender Ablenkung zeitweise unbemerkt bleiben können. Außerdem gehen wir davon aus, dass es nicht nur im Freud'schen Sinn unbewusste mentale *Zustände* wie Wünsche und Überzeugungen geben kann, sondern auch unbewusste mentale *Ereignisse*, wie Gefühle oder Urteile. Das heißt aber nichts anderes, als dass sich gegenwärtig Dinge in meinem Geist abspielen können, von denen ich nicht weiß, dass sie sich abspielen.

Kann es auch andersherum sein, dass ich *fälschlicherweise* glaube, dass sich Dinge in meinem Geist abspielen, die es gar nicht tun? Warum nicht? Warum sollte ich mich nicht gelegentlich über den Charakter einer gefühlten Emotion täuschen und Neid mit gerechtem Zorn verwechseln können? Weder Allwissenheit noch Unfehlbarkeit scheinen als Merkmale des Mentalen zu taugen.

Unfehlbarkeit und Allwissenheit sind maximal starke Formen epistemischer Privilegiertheit. Zusammen führen sie zu dem, was David Armstrong die »Doktrin ›des vollständig transparenten Geistes‹«[116] genannt hat, wie sie in dem Zitat von Hume zum Ausdruck kommt: Was Mentales angeht, so sei notwendigerweise alles so, wie es scheint, und scheine notwendigerweise alles so, wie es ist. Könnte es nicht eine Form der epistemischen Privilegiertheit geben, die zwar schwächer ist, aber dennoch stark genug, um unser Wissen oder unsere Überzeugungen über unsere eigenen mentalen Zustände und Ereignisse von allem anderen Wissen oder allen anderen Überzeugungen zu unterscheiden?[117] Das ist zweifelhaft. Das Problem unbewusster mentaler Ereignisse ist ja nicht, dass unser epistemischer Zugang zu ihnen zwar weniger als vollkommen, aber immer noch besser als unser epistemischer Zugang zu allen Arten nicht-mentaler Ereignisse wäre. Er scheint vielmehr ausgesprochen *schlecht* zu sein. Wir scheinen einen besseren epistemischen Zugang zu vielen öffentlich beobachtbaren Ereignissen zu haben als, sagen wir, zu unseren verdrängten Gefühlen, und andere scheinen einen besseren Zugang zu unseren verdrängten Gefühlen haben zu können als wir selbst.

Die Aussichten dafür, dass sich der privilegierte Zugang, den wir zu vielen unserer mentalen Ereignisse haben, als ein allgemeines Merkmal des Mentalen geltend machen lässt, sind daher gering. Und selbst wenn es uns gelänge, wäre damit unser Problem noch nicht gelöst. Denn wir sind ja auf der Suche nach einem *allgemeinen* Merkmal des Mentalen, nach einem Merkmal, das erklärt, warum wir nicht nur Empfindungen, die wir gerade haben, oder Gedanken, die wir gerade denken, sondern auch Intelligenz und Bösartigkeit, Niedergeschlagenheit, Überzeugungen und Wünsche als etwas Mentales begreifen. Wenn wir den Ausgangspunkt der klassisch-neuzeitlichen Philosophie des Geistes plausibel fänden, wie könnten wir von dort aus hierher gelangen?

Hier scheint nur eine Strategie möglich. Man muss zeigen, dass der Bereich von mentalen Ereignissen, für den sich ein privilegierter Zugang geltend machen lässt, ein in einem begrifflichen und ontologischen Sinn *primärer* Bereich des Mentalen ist, von dem sich alle anderen Arten des Mentalen *ableiten*. Man muss mit anderen Worten versuchen, die Vielzahl verschiedener Arten mentaler Zustände in eine *Ordnung* zu bringen, der zufolge einige Arten ein begriffliches und ontologisches Primat gegenüber anderen besitzen. Vielleicht hatten Descartes, Locke und Hume recht, und das Mentale ist *primär* genau das gegenwärtig im Geist sich Abspielende, der Strom unserer gegenwärtigen mentalen Ereignisse, während alle anderen Arten mentaler Zustände und Ereignisse nur deswegen mental sind und von uns als mental begriffen werden, weil sie zu den gegenwärtigen mentalen Ereignissen *in einer bestimmten Beziehung stehen*.

Auf diese Weise ließe sich vielleicht bereits das Problem unbewusster mentaler Ereignisse in den Griff bekommen. Im Freud'schen Sinn unbewusste mentale Zustände und Ereignisse sind *verdrängte* mentale Zustände und Ereignisse – solche, die einmal bewusst waren und es auch wieder werden können.

Aber auch mentale Zustände, die überhaupt keinen Ereignischarakter besitzen, wie etwa Überzeugungen, könnten ihren Status als Mentales ihrer Abhängigkeit von mentalen Ereignissen verdanken.[118] Nehmen wir meine Überzeugung, dass Obama Präsident der USA ist, die ich seit Jahren habe und zwar auch dann, wenn ich in keiner Weise daran denke, und sogar während ich traumlos schlafe. Es ist nun nicht abwegig zu denken, dass das Haben dieser Überzeugung in nichts anderem besteht als in der *Disposition*, unter bestimmten Umständen – etwa wenn mir jemand eine entsprechende Frage stellt – den Gedanken, dass Obama Präsident der USA ist, *zu denken*. Charaktereigenschaften wie Bösartigkeit und Intelligenz könnten Dispositionen sehr viel komplexerer Art sein, Dispositionen, die aber wiederum das Etikett »mental« genau deshalb verdienen, weil sie wesentlich

Dispositionen zum Denken von Gedanken oder zu erlebten Emotionen oder anderen mentalen Ereignissen beinhalten.

Es ist sicherlich nicht ausgeschlossen, dass auf diese Weise tatsächlich ein epistemisches Privileg namhaft gemacht werden kann, das auf alle möglichen mentalen Zustände unserer selbst und nur auf diese zutrifft und somit als Merkmal des Mentalen dienen könnte.[119] Aber man kann zeigen, dass der privilegierte Zugang selbst dann nur ein Merkmal in dem schwachen Sinn eines *epistemischen* Merkmals sein könnte, nicht in dem philosophisch interessanten Sinn eines *Wesens* des Mentalen, das auch den Kern unseres *Begriffs* des Mentalen ausmacht. Diese Überlegung hat nichts mit Zweifeln hinsichtlich der Anwendung des Merkmals auf einzelne Fälle zu tun und ist auch völlig unabhängig davon, wie genau das epistemische Privileg bestimmt wird, das das Merkmal des Mentalen darstellen soll. Die einfachste Weise, sie darzulegen, ist die folgende: Selbst mit Bezug auf unsere gegenwärtigen mentalen Ereignisse kann nicht gelten, dass diese nur dann mentale Ereignisse sind, wenn wir *tatsächlich* einen privilegierten epistemischen Zugang zu ihnen besitzen. Denn das hätte die extrem unplausible Konsequenz, dass wir *all* unserer mentalen Ereignisse und Zustände verlustig gehen würden, wenn wir bloß unsere *epistemischen* Fähigkeiten einbüßten. Dieser Konsequenz können wir nur dadurch begegnen, dass wir die anfängliche These dahingehend abwandeln, dass ein Ereignis nur dann ein mentales Ereignis ist, wenn ein Subjekt einen privilegierten Zugang zu ihm *besäße*, *falls* es über die entsprechenden epistemischen Fähigkeiten *verfügte*. Doch jetzt müssen wir uns fragen, aufgrund welcher Tatsachen wir berechtigt sein könnten zu glauben, dass dieses Merkmal auf irgendwelche Ereignisse zutrifft. Und die Antwort, denke ich, müsste lauten: Es muss einen Unterschied zwischen den mentalen und den anderen Ereignissen geben, der *dafür verantwortlich ist, dass* ein Subjekt, wenn es über die entsprechenden epistemischen Fähigkeiten verfügte, zu ihnen einen privilegierten Zugang besäße. Anders gesagt: So zu sein, dass man auf eine besondere Art und Weise epistemisch zugänglich ist, scheint keine *basale* Eigenschaft eines Ereignisses sein zu können, sondern scheint eine Eigenschaft sein zu müssen, die *in anderen seiner Eigenschaften gegründet* ist und mit Bezug auf andere seiner Eigenschaften *erklärbar* sein muss. Und wenn das so ist, dann sind es *diese anderen Eigenschaften* und nicht die besondere epistemische Zugänglichkeit, auf die wir abzielen sollten, wenn wir auf der Suche nach einem Merkmal des Mentalen sind.

Diese Überlegung führt uns zurück zu den beiden Phänomenen, die Gegenstand der letzten beiden Kapitel waren. Wir müssen uns nun fragen, ob eines dieser beiden Phänomene das gesuchte Merkmal des Mentalen sein könnte.

5.2 Mentaler Gehalt und Intentionalität

Könnte es also sein, dass, wie Franz Brentano behauptet hat, *Intentionalität* nicht nur ein wichtiges Merkmal vieler Arten mentaler Zustände und Ereignisse, sondern das *Merkmal des Mentalen* überhaupt ist?[120]

Das erste Probleme, das einer positiven Antwort im Weg steht, besteht darin, dass nicht klar ist, ob wir es bei dem, was Brentano »Intentionalität« nennt, überhaupt mit einem einheitlichen Phänomen zu tun haben. Wir hatten gesehen, dass es plausibler scheint, zwischen mentalem Gehalt auf der einen Seite und Intentionalität als einer besonderen Art der Gerichtetheit des Geistes auf Gegenstände auf der anderen Seite zu unterscheiden, als beide unter einem Begriff zusammenzubringen. Da es sich gezeigt hatte, dass der Gedanke, dass mentale Zustände und Ereignisse auf Dinge gerichtet sind, in vielen Fällen schwer verständlich zu machen ist, ist unter diesen Vorzeichen wohl nur der mentale Gehalt ein ernsthafter Kandidat für das Merkmal des Mentalen.

Wir hatten gesagt, dass mentale Zustände oder Ereignisse genau dann einen mentalen Gehalt besitzen, wenn sie die Welt als auf eine bestimmte Art und Weise seiend darstellen. Das Paradigma mentalen Gehalts ist der propositionale Gehalt von Gedanken. Wenn ich denke, dass es regnet, dann ist mein Gedanke genau dann *wahr*, wenn es regnet: Wenn ich befürchte, zu spät zu kommen, dann *erfüllt* sich meine Befürchtung genau dann, wenn ich zu spät komme usw. Aber auch Wahrnehmungserlebnisse besitzen eventuell einen repräsentationalen Gehalt, stellen die Welt – vielleicht in einem anderen, nicht-propositionalen Format – als auf eine bestimmte Art und Weise seiend dar.

Das Hauptproblem für die These, dass mentaler Gehalt das Merkmal des Mentalen ist, besteht darin, dass es für unser Verständnis des Mentalen zentrale Arten von Ereignissen gibt, die sich nur schwer als gehaltvoll begreifen lassen. Hierzu gehören vor allem *Empfindungen* wie Schmerzen und *Stimmungen* wie Niedergeschlagenheit oder tiefe Trauer. Auf den ersten Blick scheint es sich hier um nichts anderes zu handeln als bestimmte Weisen des Erlebens, mentale Ereignisse, die vollständig durch ihren Erlebnischarakter bestimmt sind und in keiner Weise von der Welt handeln oder die Welt als auf eine bestimmte Weise seiend darstellen.

Um diesem Einwand zu begegnen, muss man zeigen, dass Empfindungen und Stimmungen entgegen allem Anschein doch einen mentalen Gehalt besitzen. Hier scheint es zwei Möglichkeiten zu geben. Die eine Möglichkeit haben wir bereits im Kapitel zum phänomenalen Bewusstsein kennengelernt. Repräsentationale Theorien des Erlebens behaupten, dass *der Besitz von Erlebnisqualitäten selbst* eine Sache des repräsentationalen Gehalts von Erlebnissen ist. Doch wir haben auch gesehen, dass diese

Theorien gerade mit Bezug auf Empfindungen wie Schmerzen nicht überzeugen können. Die andere Möglichkeit besteht darin, zwar den Erlebnischarakter von Empfindungen und Stimmungen als etwas von ihrem Gehalt Verschiedenes zu begreifen, aber die These zu vertreten, dass sie außer ihrem Erlebnischarakter noch *zusätzlich* einen bestimmten repräsentationalen Gehalt besitzen.[121]

So könnte man etwa die These vertreten, dass Schmerzen die Schädigung bestimmter Regionen des eigenen Körpers repräsentieren, Hungergefühle die Leere des Magens usw. Doch ist das tatsächlich mit Bezug auf alle Arten von Empfindungen oder auch nur mit Bezug auf alle Arten von *Schmerzen* plausibel? Denken wir an Kopfschmerzen. Inwiefern wird hier eine Schädigung des Körpers repräsentiert? Des Kopfes? Des Inneren des Kopfes? Der linken Schläfe? Außerdem gilt, dass ein Zustand nur dann einen repräsentationalen Gehalt haben kann, wenn er die Welt auch als *anders* darstellen kann, als sie ist. Aber können wir dem Gedanken der Fehlrepräsentation im Fall von Kopfschmerzen tatsächlich einen klaren Sinn abgewinnen? Was ist mit einem Fall, in dem die Ursache von Schmerzen in der linken Schläfe in einer Versteifung der Nackenmuskulatur besteht?[122] Stellen diese Schmerzen meine linke Schläfe fälschlicherweise als schadhaft dar? Im Fall der Stimmungen lassen sich die entsprechenden Probleme vielleicht sogar noch deutlicher erkennen. Was repräsentiert meine freudige Hochgestimmtheit? Vielleicht die Welt *als Ganze*, insofern sie alle Dinge in einem freundlicheren Licht erscheinen lässt?[123] Aber wie sollen wir der Idee der Fehlrepräsentation für den Fall der Stimmungen einen Sinn abgewinnen? Können wir sagen, dass meine Hochgestimmtheit die Welt falsch repräsentiert, wenn meine Lage tatsächlich aussichtslos ist? Das Problem, auf das diese Fragen aufmerksam machen, ist folgendes: Weder unsere Alltagspsychologie noch die Phänomenologie des Schmerzempfindens oder des Gestimmtseins scheinen uns helfen zu können, solche Frage mit guten Gründen zu entscheiden.[124] Das müssten sie aber, wenn mentaler Gehalt dasjenige Merkmal wäre, das nicht nur das Wesen des Mentalen, sondern auch den Kern unseres Verständnisses des Mentalen ausmacht.

Es scheint daher, dass wir keine guten Gründe haben, die These, dass mentaler Gehalt nicht bloß ein hervorstechendes Merkmal vieler Arten mentaler Zustände und Ereignisse, sondern *das* Merkmal *des* Mentalen ist, für wahr zu halten.

5.3 Phänomenales Bewusstsein

Es verbleibt also das phänomenale Bewusstsein, die Erlebnishaftigkeit mentaler Ereignisse wie Empfindungen, Wahrnehmungen oder bildlichen Vorstelllungen, als Kandidat für das Merkmal des Mentalen.

Allerdings hatten wir bereits festgestellt, dass es wichtige Bereiche des Mentalen gibt – etwa mentale Zustände wie Überzeugungen oder Charakterzüge wie Boshaftigkeit –, die in diesem Sinn nicht einmal bewusst sein *können*. Zwar können wir sagen, dass wir uns eine bestimmte Überzeugung, die wir haben, etwa dass Barack Obama Präsident der USA ist, »ins Bewusstsein rufen«, wenn wir etwa einen entsprechenden Satz lesen. Aber dadurch wird uns die *Überzeugung selbst* bloß *epistemisch* und nicht *phänomenal* bewusst. Was hier erlebnishaft ist, ist das Denken eines verbalisierten Gedankens, der denselben Gehalt hat wie die Überzeugung. Überzeugungen selbst können aus dem schlichten Grund nicht phänomenal bewusst sein, dass es sich bei ihnen gar nicht um *Ereignisse*, sondern um *Zustände* handelt. Nur Dinge aber, die in dem vollen Sinn *zeitlich* sind, dass sie nicht bloß eine zeitliche Erstreckung haben, sondern sich *in der Zeit entfalten*, können *Erlebnisse* sein.[125] Es wäre also sicherlich falsch zu sagen, dass etwas genau dann etwas Mentales ist, wenn es phänomenal bewusst ist oder sein kann.

Aber hier können wir eventuell wieder zu der bereits erprobten Strategie greifen, ontologische und begriffliche Abhängigkeiten dieser Bereiche des Mentalen zu dem Bereich des phänomenal bewussten Erlebens auszubeuten. Ereignisse und Zustände, denen phänomenales Bewusstsein fehlt, werden von uns vielleicht genau deswegen als mental begriffen, weil sie in spezifizierbaren Weisen von phänomenal bewussten Erlebnissen *abhängen*. So hatten wir mit Bezug auf mentale Zustände wie Überzeugungen gesehen, dass es plausibel ist anzunehmen, dass sie ihrem Wesen nach auf mentale Ereignisse *bezogen* sind, insofern sie *Dispositionen* zu mentalen Ereignissen wie dem Denken entsprechender Gedanken sind. Das Denken eines Gedankens aber *kann* ganz offensichtlich – etwa wenn es in Form des »stillen Sprechens« eines deutschen Satzes erfolgt – ein phänomenal bewusstes Erlebnis sein und ist es in der Regel auch.

Aber dürfen wir tatsächlich annehmen, dass alle mentalen *Ereignisse* phänomenal bewusst sind? Mögliche Gegenbeispiele lassen sich schnell nennen: Warum sollte es nicht im Freud'schen Sinn »unbewusste« mentale Ereignisse geben, propositional gehaltvolle mentale Ereignisse, die psychische und physische Wirkungen zeitigen, von uns aber selbst in dem Moment, in dem sie sich ereignen, nicht erlebt werden? Diesen Fällen könnte man so zu begegnen versuchen, dass man behauptet, dass wir solche Ereignisse genau deswegen als mental begreifen, weil sie sich *normalerweise* in erlebnishafter Form ereignen. Immerhin muss, Freud zufolge, psychische Arbeit geleistet werden, um die unbewussten mentalen Ereignisse von unserem Bewusstseinsstrom fernzuhalten. Und was ist mit der subliminalen Wahrnehmung oder der Blindsicht, in Kontrast zu der wir das phänomenale Bewusstsein zu erläutern versucht hatten? Hier müsste man wohl behaupten, dass es sich um *Grenzfälle* des Mentalen handelt, um Ereignisse, die wir aufgrund ihrer *Ähnlichkeit* und ihres *Zusammenhangs* mit phänomenal bewussten Wahrnehmungserlebnissen noch zum Bereich des Mentalen zählen können. Aber auch eine Reihe ganz alltäglicher Beispiele scheinen der These zu widerstreiten, dass phänomenales Bewusstsein das Merkmal des Mentalen ist. Denken wir an den Fall der Erinnerung. Es kann passieren, dass einem eine bestimmte Melodie partout nicht einfallen will, egal wie sehr man sich bemüht. Einige Zeit, nachdem man den Versuch aufgegeben hat, sich an die Melodie zu erinnern, bemerkt man dann aber plötzlich, wie man die Melodie vor sich hin summt. Wenn wir zugestehen, dass es sich hierbei nicht um einen Zufall, sondern um einen Akt der Erinnerung handelt, dann muss – von mir unbemerkt – ein Ereignis des Sich-Erinnerns stattgefunden haben. Hier ließe sich vielleicht anführen, dass das Ereignis selbst, wie ein unbemerkter Schmerz, durchaus einen Erlebnischarakter gehabt haben könnte, aber eben unbemerkt und damit lediglich epistemisch unbewusst geblieben ist. Die argumentative Kraft dieser Antwort ist allerdings schwer einzuschätzen.

Ohne diese Frage hier weiter verfolgen zu können, lässt ich vielleicht in aller gebotenen Zurückhaltung zumindest eine konditionale These über das Merkmal des Mentalen wagen: *Wenn* sich ein solches Merkmal überhaupt namhaft machen lässt, dann besteht es in der Erlebnishaftigkeit mentaler Ereignisse, dem phänomenalen Bewusstsein. Zwar handelt es sich hier nicht um ein Merkmal des Mentalen in dem Sinn, dass es allen und nur den mentalen Zuständen und Ereignissen gemeinsam ist, so dass wir sie deswegen als mentale Zustände und Ereignisse begreifen. Aber es könnte ein Merkmal des Mentalen in dem Sinn sein, dass die Einheit des Mentalen in ihm *gründet*: Es könnte sein, dass wir Ereignisse genau dann als mentale Ereignisse begreifen, wenn sie phänomenal bewusst sein können und es normalerweise auch sind; und dass wir Zustände genau dann als mentale Zustände begreifen, wenn sie Dispositionen zu mentalen Ereignissen sind oder beinhalten.

6. Ein Anwendungsfall: die sinnliche Wahrnehmung

In den bisherigen Kapiteln haben wir versucht, die Grundlagen unseres Verständnisses des Mentalen zu klären. Wir haben ontologische Unterscheidungen zwischen verschiedenen Arten des Mentalen eingeführt und die beiden Eigenschaften des mentalen Gehalts und des phänomenalen Bewusstseins untersucht, derentwegen wir Mentales als Mentales begreifen. In diesem Kapitel soll es nun darum gehen, das Verständnis der bisher erläuterten Begriffe zu vertiefen und zu überprüfen, indem wir sie zur Beschreibung und Erklärung einer zentralen Art mentaler Ereignisse einsetzen.

Die sinnliche Wahrnehmung war für die Philosophie lange Zeit vor allem wegen ihrer erkenntnistheoretischen Rolle von Interesse. Sie ist offenbar eine der zentralen Quellen unseres Wissens, sowohl was die *Herkunft der Begriffe* angeht, in denen sich unser Wissen artikuliert, als auch was die *Rechtfertigung* von Wissensansprüchen betrifft, die mit Überzeugungen und ihrem sprachlichen Ausdruck verbunden sind.

Wir interessieren uns hier aber für die sinnliche Wahrnehmung nicht aus der Perspektive der Erkenntnistheorie, sondern aus der der Philosophie des Geistes. Wir überlegen also, was es heißt, Subjekt eines Wahrnehmungsereignisses oder einer Wahrnehmungsepisode zu sein, welche verschiedenen Aspekte unserer mentalen Ausstattung am Wahrnehmen beteiligt sind und wie sie im Wahrnehmen zusammenspielen. Zu diesem Zweck ist es hilfreich, zunächst wieder bei unseren alltagspsychologischen Zuschreibungen von Wahrnehmungen zu beginnen, da sich an diesen bereits einige grundlegende Unterscheidungen ablesen lassen, die für ein Verständnis des Phänomens selbst hilfreich sind. Anschließend werden wir unter dem Titel der »Direktheit« der Wahrnehmung einen zentralen Aspekt der Phänomenologie der Wahrnehmung herausstellen, der darin besteht, dass wir die sinnliche Wahrnehmung als ein Erlebnis der direkten Anwesenheit materieller Gegenstände erfahren. Wir wenden uns dann dem Phänomen der Sinnestäuschung zu, das die Philosophie des Geistes vor das Problem stellt, eine Anerkennung dieses Phänomens mit der Direktheit der sinnlichen Wahrnehmung in Einklang zu bringen. Wir werden schließlich an exemplarischen Beispielen darstellen, wie verschiedene philosophische Wahrnehmungstheorien mit diesem Problem umgehen zu können glauben.

6.1 Wahrnehmung als Überzeugungserwerb und Erlebnis

Wir können damit beginnen, den Gegenstand unserer Untersuchung einzugrenzen, indem wir auf eine Ambiguität in der alltäglichen Verwendung von Wahrnehmungsberichten aufmerksam machen. Solche Berichte haben oft die Form

(W1) *S* sieht (hört, spürt, riecht usw.), dass *p*.[126]

Das ist genau die Form, die auch unsere Berichte über *Gedanken* haben.[127] Darüber hinaus gilt, dass Aussagen wie »Luis sieht, dass vor ihm ein Hund steht, aber er weiß (glaubt) nicht, daß vor ihm ein Hund steht«, wie John Searle bemerkt hat, »absonderlich und vielleicht selbstwidersprüchlich« klingen.[128] Man könnte daher auf den Gedanken kommen, Wahrnehmen schlicht als eine besondere Art des *Überzeugungserwerbs* zu begreifen. Wahrnehmungen würden sich dann von anderen Überzeugungen lediglich durch die besondere Art und Weise unterscheiden, wie sie zustande kommen. Wenn wir sagen, dass jemand gesehen hat, dass etwas der Fall ist, dann meinen wir vielleicht, dass er *durch den Gebrauch seines Sehsinns und ohne weitere (bewusste) Überlegung* dahin gelangt ist zu glauben (oder zu wissen), dass es der Fall ist. Wir können das kürzer so ausdrücken, dass Wahrnehmung vielleicht nichts anderes ist als durch den Gebrauch unserer Sinne verursachter nicht-inferenzieller Überzeugungserwerb.[129]

Dieser Grundgedanke ist sicherlich plausibel genug, um es wert zu sein, theoretisch ausgearbeitet zu werden.[130] Intuitiv ist er jedoch zutiefst unbefriedigend, da er einen zentralen Aspekt des Wahrnehmens unterschlägt, der sich so beschreiben lässt, dass Wahrnehmen eine Form des *Erlebens* ist. In paradigmatischen Fällen des Wahrnehmens erleben wir die Dinge um uns herum und Aspekte ihrer Beschaffenheit *und* erwerben auf diese Weise entsprechende Überzeugungen. In paradigmatischen Fällen des Wahrnehmens sehe ich, sagen wir, dass der Ball rot ist, nicht nur in dem Sinn, dass ich durch den Gebrauch meines Sehsinns ohne Überlegung zu der Überzeugung gelange, dass der Ball rot ist, sondern auch in dem Sinn, dass ich, wie wir vielleicht sagen können, das Subjekt *eines Erlebnisses dieses Balls und seiner Röte* bin oder *diesen Ball als rot erlebe.*

Der Sinn von »sehen«, dem zufolge das Sehen ein Erleben ist, kommt besser in Wendungen der Form

(W2) *S* sieht *a*.

zur Geltung. Ein Wahrnehmungsbericht wie der, dass ich meine Tochter gesehen habe, ist nur dann wahr, wenn ich, wie wir vielleicht sagen können, meine Tochter selbst visuell erlebt habe. Es reicht nicht, dass irgendein Bericht der Form »Ich habe gesehen, dass meine Tochter ...« wahr ist. Denn diese Berichte können wahr sein, auch wenn ich meine Tochter *nicht* gesehen habe, wie man sich leicht an Beispielen klarmachen kann. (Ich kann etwa sehen, dass meine Tochter nach Hause gekommen ist, ohne sie selbst zu sehen, wenn ich ihre Jacke auf dem Fußboden liegen sehe.) Eine andere Wendung, die uns zur Verfügung steht, um deutlich zu machen, dass wir etwas nicht nur im Sinn des Überzeugungserwerbs gesehen haben, sondern im Sinn des Erlebens, ist

(W3) *S* sieht, wie *p*.

So kann ich sagen, dass ich zwar gesehen habe, *dass* Einbrecher die Tür aufgebrochen haben, aber *weder* die Einbrecher selbst gesehen habe, noch gesehen habe, *wie* sie die Tür aufgebrochen haben. Hier kommen beide Sinne von »sehen« zur Anwendung: Ich berichte von einem Überzeugungserwerb, aber ich bestreite, bestimmte Dinge oder Ereignisse visuell erlebt zu haben.

Diese Beobachtungen legen folgende Schlussfolgerung nahe. In einigen Fällen, in denen wir mit Aussagen der Form (W1) buchstäblich etwas Wahres sagen, meinen wir nicht mehr, als dass wir durch den Gebrauch unserer Sinne und ohne weiteres Überlegen eine bestimmte Überzeugung erworben haben. Und daher sollten wir vielleicht anerkennen, dass es einen Sinn von »wahrnehmen« (»sehen«, »riechen« usw.) gibt, dem zufolge Wahrnehmen tatsächlich nichts anderes ist als eine bestimmte Form des Überzeugungserwerbs. Aber dies ist sicherlich nicht der paradigmatische Fall der sinnlichen Wahrnehmung. In diesem Sinn von »Wahrnehmung« ist nämlich offenbar auch die im vorletzten Kapitel diskutierte subliminale ›Wahrnehmung‹ der Chicken Sexer oder die Blindsicht ein Fall von sinnlicher Wahrnehmung. Wir können diese Fälle aber gerade dazu benutzen, einen entscheidenden Unterschied zwischen nicht-inferenziellem Überzeugungserwerb und normaler Wahrnehmung herauszustellen. Selbst wenn Wahrnehmen *immer* eine epistemische Komponente in dem Sinn haben sollte, dass es den Erwerb von Überzeugungen *beinhaltet*, geht unser üblicher Sinn von »wahrnehmen« zumindest nicht darin auf. Diesem Sinn von »wahrnehmen« zufolge nehmen wir nur dann etwas wahr, wenn wir nicht bloß eine entsprechende Überzeugung erwerben, sondern den Sachverhalt, von dem die Überzeugung handelt, *visuell erleben*. Üblicherweise sind Wahrnehmungen also *phänomenal bewusste* mentale Ereignisse – Erlebnisse – einer bestimmten Art, und unsere Berichte von unseren Wahrnehmungen charakterisieren, wie wir zunächst sagen können, *diese Erlebnisse* in Hinblick darauf, *was wir jeweils erlebt haben.*

6.2 Die Direktheit der Wahrnehmung

Wie bei der Untersuchung des Mentalen insgesamt steht uns als Ausgangspunkt nicht nur unser Denken und Reden über Mentales zur Verfügung, sondern auch unsere eigene Erfahrung unserer selbst als Subjekte mentaler Zustände und Ereignisse. Wir *sind* Wahrnehmende und können uns daher fragen, *wie es eigentlich ist*, etwas wahrzunehmen. Diese Wendung zielt dann aber anders als im Kontext von Untersuchungen des phänomenalen Bewusstseins nicht mehr auf das Erleben von bestimmten sinnlichen Qualitäten. Jetzt suchen wir nach einer Beschreibung dessen, *was es überhaupt heißt, etwas wahrzunehmen*, die uns aus der Position von Wahrnehmenden einleuchtet, eine Beschreibung, die darlegt, was es für das Subjekt einer beliebigen Wahrnehmung heißt, Subjekt dieser Wahrnehmung zu sein. Den Inhalt einer wahren Beschreibung dieser Art können wir auch als die »Phänomenologie des Wahrnehmens« bezeichnen.[131]

Die grundlegende Tatsache der Phänomenologie des Wahrnehmens ist nun, dass uns in der Wahrnehmung die Dinge, die wir wahrnehmen, selbst unmittelbar gegenwärtig sind. Wir erfahren[132] ein mentales Ereignis genau dann als ein Wahrnehmen, so können wir sagen, wenn wir es als eine Form der *Präsenz materieller Dinge* (mit ihren wahrnehmbaren Qualitäten) erfahren. Das unterscheidet die Phänomenologie des Wahrnehmens von der Phänomenologie des Denkens ebenso wie von der des bildlichen Vorstellens oder des Erinnerns. Ein mentales Ereignis ist für mich nur dann das Sehen eines Baumes, wenn es ein Erleben seiner physischen Anwesenheit ist, während ein Ereignis nur dann ein Vorstellen eines Baumes oder ein Denken an einen Baum ist, wenn es mit seiner physischen Abwesenheit vereinbar ist.[133]

Welche Bedeutung sollen wir dieser phänomenologischen Tatsache beimessen? Wir sollten im Blick behalten, dass wir es hier nicht mit einer erkenntnistheoretischen Fragestellung zu tun haben. Uns interessiert nicht, ob wir uns durch die Wahrnehmung tatsächlich der Gegenwart der materiellen Dinge *versichern* können. Das scheint, nebenbei bemerkt, nicht der Fall zu sein. Denn der Aspekt der Präsenz gehört nicht nur zur Phänomenologie der *Wahrnehmung*, sondern zur Phänomenologie des *sinnlichen Erlebens insgesamt*. So wird auch eine *Halluzination* von ihrem Subjekt als die Gegenwart eines materiellen Gegenstands erfahren, obwohl keiner gegenwärtig ist. (Wir werden im nächsten Abschnitt sehen, dass diese Tatsache die Philosophie der Wahrnehmung in erhebliche Schwierigkeiten bringt.) Worum es vielmehr geht, ist, dass die Phänomenologie der Wahrnehmung Bedingungen (oder zumindest »*prima facie*-Bedingungen«) für die Angemessenheit einer philosophischen Erklärung der Wahrnehmung enthält: Wir erkennen eine philosophische Auffassung der Wahrnehmung nur dann als eine Auffassung der *Wahrnehmung*, wenn sie der Direktheit der Wahrnehmung Rechnung trägt, wenn sie, mit anderen Worten, erklärt, wie die wahrgenommenen Dinge in der Wahrnehmung selbst gegenwärtig sein können.

Die direkteste Form einer solchen Erklärung besteht darin, Wahrnehmung als eine *Relation zwischen einem wahrnehmenden Subjekt und den wahrgenommenen Dingen* zu begreifen. Einen materiellen Gegenstand wahrzunehmen hieße dann einfach, in einer Beziehung zu diesem Gegenstand zu stehen, ihn selbst und seine Eigenschaften sinnlich zu erleben. Die weitergehende theoretische Aufgabe der Philosophie des Geistes bestünde dann darin, die besondere Art von Beziehung zu erklären, die das Wahrnehmen ist.

Doch die intuitive Plausibilität des Grundgedankens, dass die Wahrnehmung in einer Beziehung zwischen den Wahrnehmenden und dem Wahrgenommenen – in üblichen Fällen also zwischen Lebewesen und materiellen Dingen in ihrer Umgebung – besteht, gerät ins Wanken, sobald man sich dem Phänomen der Sinnestäuschung zuwendet.

6.3 Das Problem der Sinnestäuschungen

In der philosophischen Literatur wird unter dem Begriff der Sinnestäuschung in der Regel terminologisch scharf zwischen zwei Fällen unterschieden: *Illusionen* sind, vorläufig gesprochen, Täuschungen hinsichtlich der *Beschaffenheit* von Dingen, *Halluzination*, ebenso vorläufig, Täuschungen nicht bloß hinsichtlich der Beschaffenheit, sondern sogar der Existenz von Dingen.

Es ist nicht ganz leicht, diese Phänomene genauer zu charakterisieren, ohne bereits eine bestimmte Auffassung der Wahrnehmung vorauszusetzen. Wenn wir etwa Illusionen als sinnliche Erlebnisse bestimmen, in denen wir die Welt anders erleben, als sie beschaffen ist, dann setzen wir voraus, dass wir die Welt im sinnlichen Erleben *als auf eine bestimmte Art und Weise beschaffen erleben*. Das impliziert aber, dass *das sinnliche Erleben selbst* die Welt *als auf eine bestimme Art und Weise seiend repräsentiert*, das sinnliche Erlebnisse also Ereignisse mit einem mentalen Gehalt sind.[134] Das aber ist bereits eine bestimmte (und möglicherweise falsche) philosophische Auffassung des sinnlichen Erlebens – auf die wir gleich noch zu sprechen kommen werden –, und wahrscheinlich kein Bestandteil unseres intuitiven Begriffs der Sinnestäuschung. Eine erste Bestimmung des Phänomens der Sinnestäuschung sollte daher auf Begriffe wie den des Erlebens verzichten und bei Begriffen ansetzen, die selbst unserer Alltagspsychologie entstammen. So können wir etwa sagen, dass Illusionen Situationen sind, in denen Dinge anders aussehen (sich anders anfühlen usw.), als sie tatsächlich beschaffen sind. Zwei gleich lange Linien sehen ungleich aus, wenn sie wie in der Müller-Lyer-Täuschung auf eine bestimmte Weise mit Zusatzlinien versehen werden, das Wasser fühlt sich wärmer an, als es ist, wenn meine Hand kalt ist, usw. Und wir können sagen, dass Halluzinationen Situationen sind, in denen es so aussieht, als wären (auf eine bestimmte Art und Weise beschaffene) Dinge an Orten, wo tatsächlich gar keine Dinge sind.

So weit so gut, doch wo ist hier das Problem? Das kommt in den Blick, sobald wir uns klarmachen, dass auch Sinnestäuschungen als die unmittelbare Gegenwart materieller Gegenstände und ihrer Qualitäten *erfahren* werden. Sinnestäuschungen, so können wir vielleicht sagen, werden von den Getäuschten nicht *als* Sinnestäuschungen, sondern *als* Wahrnehmungen erfahren. Wenn wir etwa auf die Müller-Lyer-Täuschung blicken, haben wir ein sinnliches Erlebnis, das sich hinsichtlich seiner Phänomenologie nicht von der Wahrnehmung zweier ungleich langer Linien unterscheiden lässt. Und wenn es zwar für die überwältigende Vielzahl unserer Wahrnehmungen keine entsprechenden Sinnestäuschungen gibt, so ist doch nicht einzusehen, warum es nicht zu jeder Wahrnehmung eine aus der Perspektive des erlebenden Subjekts von ihr ununterscheidbare Sinnestäuschung geben *könnte*. Das ist philosophisch beunruhigend, wenn wir bedenken, dass der Perspektive des erlebenden Subjekts eine besondere Stellung für Fragen der Philosophie des Geistes und insbesondere der Philosophie der Wahrnehmung zukommt. Dann nämlich, so scheint es, sollte diese Perspektive auch für die Frage relevant sein, ob zwei mentale Ereignisse im Rahmen philosophischer Erklärungen als Ereignisse *derselben Art* begriffen werden sollen. Und da Wahrnehmungen und Sinnestäuschungen aus der Perspektive des erlebenden Subjekts ununterscheidbar sind, scheinen wir sie auch im Rahmen philosophischer Erklärungen als Ereignisse derselben Art begreifen zu müssen. Da sich nun kaum bestreiten lässt, dass Sinnestäuschungen *keine* direkten Erlebnisse von öffentlichen Gegenständen und ihren Qualitäten sind, da es in ihrem Fall keine solchen Gegenstände oder zumindest keine solchen Qualitäten gibt, die erlebt werden könnten, sehen wir uns dann aber zu dem Schluss gezwungen, dass auch Wahrnehmungen nicht als direkte Erlebnisse von öffentlichen Gegenständen und ihren Qualitäten begriffen werden können. Wir können diesen Gedankengang als die allgemeine Form des *Arguments der Sinnestäuschung* bezeichnen und wie folgt auf den Punkt bringen:

(1) Sinnestäuschungen sind keine direkten Erlebnisse von öffentlichen Gegenständen und ihren Qualitäten.

(2) Zu jeder Wahrnehmung kann es eine aus der Perspektive des sie erlebenden Subjekts ununterscheidbare Sinnestäuschung geben.

(3) Wenn zwei Erlebnisse aus der Perspektive des sie erlebenden Subjekts ununterscheidbar sind, dann handelt es sich um Erlebnisse derselben Art.

(4) Wahrnehmungen und Sinnestäuschungen sind Erlebnisse derselben Art (aus [2] und [3])

(5) Wahrnehmungen sind keine direkten Erlebnisse von öffentlichen Gegenständen und ihren Qualitäten (aus [1] und [4]).

Das also ist das philosophische Problem der Sinnestäuschungen. Wir können es als ein philosophisches Dilemma oder Paradoxon begreifen, das darin besteht, dass drei jeweils für sich genommen einleuchtende Anforderungen nicht zugleich erfüllt werden können. Die Phänomenologie der Wahrnehmung verlangt von uns, Wahrnehmungen als direkte Erlebnisse der wahrgenommenen Gegenstände zu begreifen; die Ununterscheidbarkeit der Phänomenologie der Wahrnehmung von der der Sinnestäuschung verlangt von uns, Wahrnehmungen und Sinnestäuschungen als Erlebnisse derselben Art zu begreifen; und unser Wissen darum, was Sinnestäuschungen sind, macht es uns unmöglich, Sinnestäuschungen als direkte Erlebnisse von öffentlichen Gegenständen zu begreifen.

6.4 Das Spektrum philosophischer Wahrnehmungstheorien

Die etablierten philosophischen Wahrnehmungstheorien lassen sich als unterschiedliche Reaktionen auf dieses Dilemma begreifen. Ich werde drei paradigmatische Ansätze vorstellen: die Sinnesdatentheorie, die Gehaltstheorie und den Disjunktivismus. Wie auch sonst in dieser Einführung geht es dabei nicht darum, konkrete Theorien einzelner Philosophinnen und Philosophen darzustellen, sondern grundlegende systematische Alternativen zu verdeutlichen.

Die Sinnesdatentheorie der Wahrnehmung

Die Sinnesdatentheorie der Wahrnehmung wurde in ihrer paradigmatischen Form zu Beginn des 20. Jahrhunderts von den beiden britischen Philosophen Bertrand Russell und George Edward Moore ausgearbeitet.[135] Eines ihrer hervorstechenden Merkmale ist ihr Mangel an Respekt gegenüber jenem Aspekt der Phänomenologie der Wahrnehmung, den wir oben als »Direktheit« bezeichnet haben. Interessanterweise hält sie zwar an dem Gedanken fest, dass Wahrnehmungserlebnisse direkte Erlebnisse von Gegenständen sind, begreift diese Gegenstände aber nicht als die öffentlichen Gegenstände, von denen wir üblicherweise sagen würden, dass wir sie sehen, sondern als sogenannte Sinnesdaten. Sinnesdaten sind zwar selbst keine mentalen Zustände oder Ereignisse (wie Moore sagt: sie sind nicht »*in* the mind«[136]), aber sie sind hinsichtlich ihrer Existenz von den mentalen Zuständen und Ereignissen eines Subjekts abhängig (»dependent upon [the] mind«[137]). Sinnesdaten sind darüber hinaus *private* Gegenstände, die nur dem Erleben eines einzelnen Subjekts zugänglich sind und sich nicht im öffentlichen Raum befinden.[138] Intuitiv lässt sich die Idee des Sinnesdatums vielleicht am besten erfassen, wenn man darüber nachdenkt, wie man die »Wahrnehmung von Nachbildern« zu beschreiben geneigt ist. Nachbilder tauchen in unserer Rede über sie als *Gegenstände* unseres sinnlichen Wahrnehmens auf, nicht etwa als Teile oder Aspekte der Wahrnehmungserlebnisse selbst. Dennoch scheint klar, dass Nachbilder nicht unwahrgenommen existieren und sich auch nicht im öffentlichen Raum befinden, so dass sie von mehr als einer Person erlebt werden könnten.

Allein Sinnesdaten, nicht die gewohnten öffentlichen Gegenstände, sind uns der Sinnesdatentheorie zufolge in der Wahrnehmung direkt zugänglich. Sie sollen daher auch die eigentlichen Träger der sinnlichen Qualitäten – im Fall des Sehens: der Farben und Formen –, die unsere Wahrnehmungserlebnisse ausmachen, sein. Das heißt aber nicht, dass die Sinnesdatentheorie auf die Behauptung festgelegt ist, dass wir die öffentlichen Gegenstände, die gemäß der Phänomenologie unserer sinnlichen Wahrnehmung die direkten Gegenstände unseres Erlebens sind, *nicht* wahrnehmen. Sie kann behaupten, dass das Wort »wahrnehmen« einen anderen Sinn hat, wenn wir von öffentlichen Gegenständen sagen, dass wir sie wahrnehmen, als wenn wir von Sinnesdaten sagen, dass wir sie wahrnehmen. Die Sinnesdatentheorie kann die öffentlichen Gegenstände als *indirekte* Gegenstände unserer sinnlichen Wahrnehmung begreifen (und wird dann gelegentlich als »indirekter« oder »repräsentativer« Realismus bezeichnet).[139]

Was spricht für die Sinnesdatentheorie? Nun, unter gewissen Vorzeichen kann sie tatsächlich unausweichlich erscheinen. Um das einzusehen, müssen wir uns nur an das oben formulierte Dilemma der Philosophie der Wahrnehmung erinnern. Wenn wir an den beiden Gedanken festhalten, dass Wahrnehmungserlebnisse und Sinnestäuschungen von derselben Art sind und dass Sinnestäuschungen keine direkten Erlebnisse von öffentlichen Gegenständen sein können, und darüber hinaus an dem ersten Gedanken zumindest in der Form festhalten, dass Wahrnehmungserlebnisse direkte Erlebnisse *von Gegenständen* sind, dann bleiben nur solche Gegenstände als Gegenstände der direkten Wahrnehmung übrig, die auch direkte Gegenstände von Sinnestäuschungen sein können – Sinnesdaten eben.

Wir können diesen Gedankengang als das Sinnestäuschungs-Argument für die Existenz von Sinnesdaten bezeichnen und wie folgt auf den Punkt bringen:

Wir gewinnen ein Sinnestäuschungs-Argument für Sinnesdatentheorien aus dem Sinnestäuschungs-Argument gegen die Direktheit der Wahrnehmung, indem wir einfach eine weitere Prämisse hinzufügen, die besagt, dass Wahrnehmungserlebnisse (und damit auch Sinnestäuschungen, die ja gemäß dem Argument von derselben Art sein müssen) direkte Erlebnisse von Gegenständen sind:

(1) Sinnestäuschungen sind keine direkten Erlebnisse von objektiven Gegenständen und ihren Qualitäten.

(2) Zu jeder Wahrnehmung kann es eine aus der Perspektive des sie erlebenden Subjekts ununterscheidbare Sinnestäuschung geben.

(3) Wenn zwei Erlebnisse aus der Perspektive des sie erlebenden Subjekts ununterscheidbar sind, dann handelt es sich um Erlebnisse derselben Art.

(4) Wahrnehmungen und Sinnestäuschungen sind Erlebnisse derselben Art (aus [2] und [3])

(5) Wahrnehmungen sind keine direkten Erlebnisse von öffentlichen Gegenständen und ihren Qualitäten (aus [1] und [4]).

(6) Wahrnehmungen sind direkte Erlebnisse von Gegenständen und ihren Qualitäten.

(7) Wahrnehmungen und Sinnestäuschungen sind direkte Erlebnisse von privaten Gegenständen (Sinnesdaten) und ihren Qualitäten (aus [4], [5] und [6]).

Die Sinnesdatentheorie wird heute kaum noch ernsthaft vertreten. Das hat eine Vielzahl von Gründen. Ein Grund ist, dass der methodologische Gedanke, philosophische Auffassungen mentaler Phänomene müssten deren Phänomenologie respektieren und generell in Einklang mit grundlegenden Alltagsüberzeugungen stehen, heute sehr viel verbreiteter ist als in der ersten Hälfte des 20. Jahrhunderts.[140]

Ein zweiter Grund besteht in den unerfreulichen erkenntnistheoretischen Konsequenzen, die die Sinnesdatentheorie deswegen zeitigt, weil die öffentlichen Gegenstände ihr zufolge höchstens indirekte Gegenstände unserer sinnlichen Wahrnehmung sein können und jedes Wissen über diese Gegenstände daher auf anfechtbaren Schlussfolgerungen beruhen zu müssen scheint.[141]

Eine Reihe weiterer Gründe betreffen spezieller den Status von Sinnesdaten als unmittelbaren privaten Gegenständen des sinnlichen Wahrnehmens. So scheint die Sinnesdatentheorie jede Aussage, die wir wahrheitsgemäß über das *Aussehen* eines Gegenstands formulieren können, als eine Aussage über die *tatsächliche Beschaffenheit* von entsprechenden Sinnesdaten interpretieren zu müssen. Nun können aber Gegenstände auf eine unbestimmte Weise beschaffen aussehen: Ein Huhn kann gefleckt aussehen, ohne dass es eine bestimmte Anzahl von Flecken habend aussieht. Das scheint die Sinnesdatentheorie vor ein Dilemma zu stellen: Entweder sie behauptet, dass Sinnesdaten *auf eine unbestimmte Art und Weise beschaffen sein* können. Aber was soll das heißen? Was ist das für ein Gegenstand, der eine unbestimmte Anzahl von Flecken sein Eigen nennt?[142] Oder sie lässt zu, dass Sinnesdaten zwar in jedem Fall auf eine bestimmte Weise beschaffen sind, aber gelegentlich auf eine unbestimmte Weise beschaffen aussehen können. Dann aber scheinen Sinnesdaten selbst zu *indirekten* Gegenständen des sinnlichen Erlebens und damit überflüssig werden.[143]

Gehaltstheorien der Wahrnehmung

Die heute vorherrschende Auffassung der Wahrnehmung begreift Wahrnehmungen als mentale Ereignisse mit einem bestimmten mentalen oder repräsentationalen Gehalt[144] – als mentale Ereignisse also, die die Welt als auf eine bestimmte Weise seiend darstellen.[145] Wir können Theorien dieser Art als »Gehaltstheorien der Wahrnehmung« bezeichnen.[146]

So wie wir den Ausdruck »Gehalt« hier verwenden, wird der Gehalt eines mentalen Ereignisses von seinem *Bezug* oder seiner *Referenz* auf Gegenstände unterschieden. Gehalte können, wie oben erläutert, als *Arten des Gegebenseins von Gegenständen* begriffen werden.[147] Diese Bezeichnung macht zwei wesentliche Merkmale des Verhältnisses von mentalen Ereignissen, ihren Gehalten und den Gegenständen, auf die sie sich beziehen, deutlich: Erstens kann ein und derselbe Gegenstand auf ganz verschiedene Arten (durch ganz verschiedene Gehalte) gegeben sein; und zweitens kann ein und derselbe Gehalt, wenn er eine Art des Gegebenseins eines Gegenstands ist, immer nur einen und denselben Gegenstand ›geben‹. Wir können dieses Verhältnis zwischen Gehalt und Bezug von mentalen Ereignissen dadurch zum Ausdruck bringen, dass wir sagen, dass der Gehalt eines mentalen Ereignisses *bestimmt* oder *festlegt*, von welchen Gegenständen es handelt. Der Ausdruck »Art des Gegebenseins« hat allerdings, wenn er zur Einführung des Begriffs des Gehalts benutzt wird, den Nachteil, dass er nur schwer mit dem Gedanken vereinbar ist, dass auch solche mentalen Ereignisse einen Gehalt besitzen können, für die sich keine Bezugsgegenstände auftreiben lassen. Arten des Gegebenseins von Gegenständen sind, streng genommen, hinsichtlich ihrer Existenz offenbar von den Gegenständen, deren Arten des Gegebenseins sie sind, abhängig. Gehaltstheorien der Wahrnehmung bedienen sich aber in der Regel eines Begriffs des Gehalts, dem zufolge Gehalte hinsichtlich ihrer Existenz von den Gegenständen, die durch sie bestimmt werden, *unabhängig* sind. Sie gehen etwa davon aus, dass ein Wahrnehmungserlebnis, zu dessen Gehalt es gehört, dass sich vor mir ein brauner Tisch befindet, auch dann noch *genau diesen Gehalt* haben könnte, wenn es kein Wahrnehmungserlebnis wäre, sondern eine Halluzination, und sich vor mir tatsächlich kein brauner Tisch befinden würde.[148]

Dieses Beispiel lässt bereits erahnen, wie Gehaltstheorien der Wahrnehmung in der Regel auf das Problem der Sinnestäuschung reagieren zu können glauben. Wenn Gehalte gegenstands*unabhängig* sind, dann kann es gehaltvolle sinnliche Erlebnisse geben, die die Welt *anders darstellen, als sie ist*, entweder indem sie öffentliche Gegenstände anders darstellen, als sie sind (Illusionen), oder indem sie Gegenstände darstellen, die es gar nicht gibt (Halluzinationen). Gehaltstheorien unterschreiben auf diese Weise die These, dass Wahrnehmungserlebnisse und Sinnestäuschungen mentale Ereignisse *derselben* Art sind: eben sinnliche Erlebnisse mit einer bestimmten Art von repräsentationalem Gehalt. Wahrnehmungen unterscheiden sich von Sinnestäuschungen ihnen zufolge nicht *als* die sinnlichen Erlebnisse, die sie sind, sondern höchstens dadurch, dass sie in der richtigen Weise von entsprechenden Gegenständen in der Welt verursacht werden. Ein sinnliches Erlebnis, das, sagen wir, den Gehalt hat, dass vor mir ein brauner Tisch steht, könnte als das Erlebnis, das es ist, sowohl eine Wahrnehmung als auch eine Sinnestäuschung sein. Es wäre eine Sinnestäuschung, wenn vor mir kein brauner Tisch stünde (oder wenn vor mir zwar ein brauner Tisch stünde, das Erlebnis aber nicht von diesem, sondern von einem Trompe-l'oeil-Gemälde eines braunen Tisches verursacht würde, das den Tisch verdeckt; oder wenn vor mir zwar ein brauner Tisch stünde, der das Erlebnis zwar verursacht, aber auf die ›falsche Weise‹, sagen wir durch einen Spiegeltrick).[149] Insofern können Gehaltstheorien anscheinend leicht erklären, warum Sinnestäuschungen und Wahrnehmungen dieselbe Phänomenologie besitzen und für ihre Subjekte ununterscheidbar sein können.

Eine eingehende Diskussion der Gehaltstheorie der Wahrnehmung müsste eine Reihe weiterer Punkte zu klären versuchen, von denen ich hier exemplarisch zwei nennen möchte: Da ist *erstens* die Frage nach dem ›Format‹ des Gehalts von Wahrnehmungserlebnissen. Dieser kann als ein *propositionaler* Gehalt,[150] als ein zwar *nicht propositionaler, aber doch begrifflicher Gehalt*,[151] oder als ein *nicht-begrifflicher* Gehalt konzipiert werden.[152] Da ist *zweitens* die Frage nach dem Verhältnis von Gehalt und Erlebnischarakter von Wahrnehmungserlebnissen. Einigen Auffassungen zufolge haben sinnliche Erlebnisse *neben* ihrem Gehalt noch intrinsische Erlebnisqualitäten, anderen Auffassungen zufolge lässt sich auch ihr Erlebnischarakter noch *als ein Aspekt* des Gehalts begreifen.[153]

Aber auch ohne auf diese Unterschiede einzugehen, lassen sich grundlegende Schwierigkeiten der Gehaltstheorie benennen, die jene ihrer Aspekte betreffen, die allen ihren Versionen gemeinsam sind.

Da ist zunächst der zentrale Einwand, dass Gehaltstheorien der Direktheit der Wahrnehmung nicht gerecht werden können. Dieser Einwand bedarf der Erläuterung. Im Fall der Sinnesdatentheorie beruhte der Einwand darauf, dass diese die Wahrnehmung von öffentlichen Gegenständen durch das Erleben von weiteren *Gegenständen* – den Sinnesdaten – vermittelt begreifen.

Das gilt für Gehaltstheorien nicht. Diese lassen keine weiteren wie auch immer gearteten *Gegenstände* des Erlebens zwischen das sinnliche Erleben und die öffentlichen Gegenstände treten. Man könnte daher der Meinung sein, dass Gehaltstheorien mit einem »direkten Realismus«, wie es gelegentlich heißt, vereinbar seien. *Wenn* ein sinnliches Erlebnis – sagen wir eines, das den Gehalt hat, dass vor mir ein brauner Tisch steht – eine Wahrnehmung *ist*, *dann ist* der Gegenstand, auf den es sich kraft seines Gehalts bezieht, doch gerade der öffentliche Gegenstand – der Tisch – selbst.[154]

Nun ist das sicherlich korrekt. Aber der entscheidende Punkt ist ein anderer. Die Gehaltstheorie geht davon aus, dass Wahrnehmungen und Sinnestäuschungen sich *als* sinnliche Erlebnisse *nicht* voneinander unterscheiden. Alle Umstände, die die Frage betreffen, ob ein Erlebnis eine Wahrnehmung oder eine Sinnestäuschung ist, sind daher ihr zufolge *dem Erlebnis und seinem Gehalt äußerlich*. Das hieße aber, dass das Wahrnehmungserlebnis selbst gegenüber der Gegenwart der öffentlichen Gegenstände, die von ihm durch seinen Gehalt repräsentiert werden, gewissermaßen gleichgültig wäre. *Was das sinnliche Erleben angeht*, wären uns in Wahrnehmungen die öffentlichen Gegenstände immer nur in dem Sinn ›gegenwärtig‹, in dem sie uns auch in Sinnestäuschungen ›gegenwärtig‹ sein können. Wie Sinnesdatentheorien sind also auch Gehaltstheorien darauf festgelegt, dass uns die öffentlichen Gegenstände in der Wahrnehmung nicht unmittelbar gegenwärtig sind. Wahrnehmen kann von keiner der beiden Theorien als das Erleben der direkten Gegenwart öffentlicher Gegenstände begriffen werden.

Darüber hinaus fällt es der Gehaltstheorie schwer, auch nur zu erklären, wie sinnliche Erlebnisse von ihren Subjekten als Erlebnisse der direkten Gegenwart von öffentlichen Gegenständen *erfahren* werden können. Der Besitz eines repräsentationalen Gehalts als solcher kann hierfür keine Erklärung liefern, da andere repräsentational gehaltvolle mentale Ereignisse – Akte des Denkens oder der Imagination etwa – von uns in keiner Weise als Erlebnisse der direkten Konfrontation mit öffentlichen Gegenständen erfahren werden.

Insgesamt kann man den Eindruck haben, dass die Gehaltstheorie Wahrnehmungen zu sehr den paradigmatischen gehaltvollen mentalen Zuständen und Ereignissen – den Gedanken – angleicht. Der Begriff des Gehalts und die Begriffe, mit denen er zusammenhängt, wie die des Bezugs oder der Wahrheit etwa, scheinen in einer Auffassung *des Denkens* beheimatet und nicht zwanglos zu unserem intuitiven Verständnis sinnlicher Wahrnehmung zu passen. »Beziehen« sich Wahrnehmungen wie Gedanken »auf« Gegenstände? »Handeln sie« wie Gedanken »von« ihnen? »Sagen sie« etwas »über« Gegenstände? Intuitiv scheint die sinnliche Wahrnehmung eher eine *nicht*-repräsentationale Relation zu öffentlichen Gegenständen zu sein. Im Wahrnehmen so scheint es, haben wir nicht Erlebnisse, die von Gegenständen handeln, sondern *erleben die Gegenstände selbst.*

Disjunktivismus

Nun hatten wir bereits gesehen, dass die bisher besprochenen Auffassungen die Idee der Direktheit nicht ohne Not aufgeben, sondern in Reaktion auf das Problem der Sinnestäuschung. Drei Thesen sind es, so hatten wir gesehen, die zusammengenommen diese Reaktion begründen: *Erstens* die (kaum bestreitbare) These, dass Sinnestäuschungen nicht als ein Erleben öffentlicher Gegenstände selbst begriffen werden können, da hier die Gegenstände entweder anders erlebt werden, als sie sind, oder gar keine Gegenstände existieren, die erlebt werden könnten. *Zweitens* die (ebenfalls kaum bestreitbare) These, dass es zu jeder Wahrnehmung eine Sinnestäuschung geben könnte, die für das entsprechende Subjekt im Erleben von dieser nicht zu unterscheiden wäre. Und *drittens* die These, dass zwei Erlebnisse, die von ihrem Subjekt im Erleben nicht unterschieden werden können, im Kontext einer philosophischen Erklärung der Wahrnehmung als Erlebnisse derselben Art begriffen werden sollten. Da wir die ersten beiden Thesen nicht bestreiten sollten und aus den drei Thesen zusammen folgt, dass Wahrnehmungen nicht als das direkte Erleben öffentlicher Gegenstände begriffen werden können, sollten wir die Ablehnung der dritten These erwägen.

Tatsächlich scheint es einen guten Grund zu geben, das zu tun. Wenn wir diese These ablehnen, missachten wir einen Aspekt der Phänomenologie des sinnlichen Erlebens: Wir behandeln Erlebnisse, die für das erlebende Subjekt im Erleben nicht unterscheidbar sind, als mentale Ereignisse unterschiedlicher Art. Aber wir *wissen* ja schon, dass wir der Phänomenologie des sinnlichen Erlebens in dieser Sache nicht trauen können: Die erste unserer drei Thesen war ja die These, dass Sinnestäuschungen *keine* Erlebnisse der direkten Gegenwart von öffentlichen Gegenständen sind. Und wir haben diese These akzeptiert, *obwohl* es zur Phänomenologie des sinnlichen Erlebens gehört, auch Sinnestäuschungen als die direkte Gegenwart von öffentlichen Gegenständen zu erfahren.

Nehmen wir an, ich betrachte einen farbigen Fleck und dieser Fleck sieht für mich gelb aus. Dann lese ich den Text neben der Abbildung, und dort wird gesagt, dass ich es mit einer Sinnestäuschung zu tun habe, die durch das Phänomen der Farbkonstanz bewirkt wird. Tatsächlich sei der Fleck grau, was ich dadurch feststellen könne, dass ich die ihn umgebende Fläche abdecke. Wir können uns vorstellen, dass ich ins Zweifeln gerate: Sehe ich wirklich einen gelben Fleck? Oder unterliege ich einer Sinnestäuschung? Sinnesdaten- und Gehaltstheorie würden diese Situation so beschreiben, dass ich mir in jedem Fall *einer* Sache gewiss sein kann: Ich habe ein sinnliches Erlebnis »von einem gelben Fleck« (wobei dieser Zusatz von der Sinnesdatentheorie so interpretiert wird, dass er den unmittelbaren Gegenstand des Erlebnisses bezeichnet, von der Gehaltstheorie hingegen so, dass er den Gehalt des Erlebnisses angibt). Unsicher ist lediglich, ob es sich hier um eine Wahrnehmung oder eine Sinnestäuschung handelt. Aber warum sollten wir die Situation nicht folgendermaßen beschreiben: Meine Gewissheit besteht darin, dass *es mir so erscheint, als würde ich einen gelben Fleck wahrnehmen (erleben)*. Unsicher ist, ob ich *tatsächlich* einen gelben Fleck wahrnehme (erlebe), oder ob es mir *bloß* so erscheint, als wäre das der Fall.[155] Diejenige Kategorie mentaler Ereignisse, die Sinnesdaten- und Gehaltstheorie als die wahrnehmungsphilosophisch *fundamentale* Art begreifen – von den öffentlichen Gegenständen unabhängige sinnliche Erlebnisse –, zerfällt unter diesen Vorzeichen in *zwei* Kategorien: Von den öffentlichen Gegenständen abhängige Wahrnehmungserlebnisse auf der einen Seite und *vermeintliche* Wahrnehmungserlebnisse auf der anderen. Von einem Subjekt zu sagen, dass es ein sinnliches Erlebnis (im gegenstandsunabhängigen Sinn) hat, heißt zu sagen, dass es *entweder* etwas wahrnimmt *oder* etwas wahrzunehmen vermeint. Es ist diese Interpretation von Erlebnis-Aussagen als Disjunktionen im logischen Sinn, derentwegen diese Auffassung als *Disjunktivismus* bezeichnet wird.

Allerdings hat auch der Disjunktivismus mit schwerwiegenden Problemen zu kämpfen. Da ist zunächst die Tatsache, dass Wahrnehmungserlebnisse und Sinnestäuschungen nicht nur im Erleben nicht unterschieden werden können, sondern auch sonst eine Menge Gemeinsamkeiten haben. Selbst wenn wir also darauf verzichten, der Perspektive des erlebenden Subjekts für Fragen der Klassifikation von Erlebnissen ein besonderes Gewicht beizumessen, scheint es plausibel, Wahrnehmungen und Sinnestäuschungen als mentale Ereignisse derselben Art zu begreifen: So dürfen wir davon ausgehen, dass eine Sinnestäuschung und eine entsprechende Wahrnehmung in dem getäuschten Wesen genau dieselben psychischen und physischen Wirkungen haben. Und wir dürfen auch davon ausgehen, dass sich die beiden auch nicht anhand ihrer unmittelbaren (oder »proximalen«, wie es gelegentlich heißt) Ursachen oder anhand der Gehirnvorgänge, in denen sie realisiert sind, unterscheiden lassen. Wenn Wahrnehmungen und Sinnestäuschungen *mentale Ereignisse unterschiedlicher Arten* sind: Ist es dann nicht seltsam anzunehmen, dass ein und dieselbe unmittelbare Ursache einmal eine Sinnestäuschung und das andere Mal eine Wahrnehmung verursachen kann?[156]

Ein zweiter Einwand bezieht sich auf das disjunktivistische Verständnis von Sinnestäuschungen. Dem Disjunktivismus zufolge erlebt ein Subjekt genau dann eine Sinnestäuschung, wenn es ihm *bloß so erscheint, als würde es etwas wahrnehmen*. Wie ist das zu verstehen? Um das zu klären, können wir einen *phänomenalen* von einem *epistemischen* Sinn von »Erscheinen« unterscheiden. In seinem phänomenalen Sinn dient das Wort dazu, bestimmte Erlebnisse hinsichtlich ihres Erlebnischarakters zu beschreiben. Wenn wir etwa sagen, das jemandem eine Krawatte grün erscheint, obwohl sie blau ist, dann meinen wir damit vielleicht wiederum nur, dass das Subjekt ein Erlebnis hat, das sich im Erleben nicht von der Wahrnehmung einer grünen Krawatte unterscheiden lässt. Dieser Sinn von »Erscheinen« kann aber nicht derjenige sein, den der Disjunktivismus in Anschlag bringt. Denn was in der disjunktivistischen Bestimmung der Sinnestäuschung anders erscheint, als es ist, sind nicht öffentliche Gegenstände, sondern *mentale Zustände*. Der Sinn von »Erscheinen«, der hier im Spiel ist, ist ein *epistemischer*. Wenn in diesem Sinn von »erscheinen« einem Subjekt etwas anders erscheint, als es ist, dann impliziert das, dass das Subjekt *glaubt*, dass etwas der Fall ist, obwohl es nicht der Fall ist. Sinnestäuschungen werden vom Disjunktivismus also als *kognitive* Phänomene begriffen, die beinhalten, dass das getäuschte Subjekt eine *falsche Überzeugung über seinen eigenen mentalen Zustand* hat. Man kann nun mit guten Gründen fragen, ob damit das Phänomen der Sinnestäuschung nicht zu komplex begriffen ist. Benötigt ein Subjekt tatsächlich die kognitive Fähigkeit, Überzeugungen über seine eigenen mentalen Zustände und Ereignisse haben zu können, damit es Opfer einer Sinnestäuschung werden kann? Das scheint nur schwer damit vereinbar, dass Tiere oder Säuglinge Sinnestäuschungen unterliegen können, wovon wir aber sicherlich ausgehen sollten.

Die Überlegungen dieses Kapitels sollten deutlich gemacht haben, dass die vorangegangenen grundbegrifflichen Klärungen zwar helfen, Ansätze für eine Erklärung konkreter mentaler Ereignisse und Zustände zu finden und wichtige Unterscheidungen zu treffen, dass sie aber mitnichten bereits solche Erklärungen beinhalten. Mentaler Gehalt und phänomenales Bewusstsein sind gerade deshalb so grundlegende Eigenschaften mentaler Zustände und Ereignisse, weil sie sich an einer Vielzahl wesentlich verschiedener Arten mentaler Zustände und Ereignisse ausmachen lassen. Und genau aus diesem Grund müssen sich die verschiedenen Arten mentaler Zustände und Ereignisse – Wahrnehmungen, Empfindungen, bildliche Vorstellungen, Gedanken, Überlegungen, Erinnerungen – noch durch eine Vielzahl anderer Merkmale auszeichnen und voneinander unterscheiden. Bei der Beschreibung und Erklärung einzelner mentaler Phänomene ist die Philosophie des Geistes daher auch noch weniger weit fortgeschritten als bei der Untersuchung der grundlegenden Eigenschaften des Mentalen.

7. Körper und Geist I – Reduktiver Materialismus

Dieses und das nächste Kapitel beschäftigen sich mit dem Problem des Verhältnisses von Körper und Geist – dem »Leib-Seele-Problem«, wie es früher genannt wurde. Ursprung dieses Problems ist das seit Beginn der Neuzeit sich zunehmend artikulierende und verfestigende ›wissenschaftliche Weltbild‹: das Bild der materiellen oder physischen Welt[157] als eines autonomen, vollständig und ausschließlich durch Naturgesetze beherrschten Reichs und der Erklärung dessen, was in der materiellen Welt geschieht, durch die Formulierung und Anwendung von Gesetzesaussagen durch die Naturwissenschaften. Es ist dieses Bild, das die Frage aufwirft, welche Rolle das Mentale in der materiellen Welt spielen kann, wenn es selbst kein Teil dieser Welt ist und sich daher nicht mit den Mitteln der Naturwissenschaft erklären lässt. Diese Frage ist besonders drängend geworden, seit ein bestimmtes Verständnis von *Veränderung* bzw. *Kausalität* zu einem festen Bestandteil unseres wissenschaftlichen Weltbildes geworden ist, das oft als das Prinzip der *kausalen Geschlossenheit* der materiellen Welt bezeichnet wird. Es lässt sich so formulieren, dass jedes Ereignis in der materiellen Welt, das überhaupt eine Ursache hat, eine Kausalgeschichte besitzt, die vollständig aus Ereignissen in der materiellen Welt besteht.[158] Es ist dieses Prinzip, das die *Interaktion* mentaler Ereignisse mit Ereignissen in der materiellen Welt – materiellen oder physischen Ereignissen, wie ich kurz sagen werde – als das zentrale Problem des Verhältnisses von

Geist und Körper hervortreten lässt. Nehmen wir an, ich halte im Gehen inne, weil mir einfällt, dass ich den Regenschirm vergessen habe, oder ich spanne den Schirm auf, weil ich einen Tropfen im Gesicht spüre. Wenn es eine *vollständige physische Kausalgeschichte* meiner entsprechenden Körperbewegungen gibt, welche Rolle können dann mein *Einfall* oder meine *Empfindung* dabei gespielt haben, *wenn es sich bei diesen nicht selbst um physische Ereignisse handelt*?[159] Bei der Betrachtung dieser Beispiele drängt sich der Gedanke auf, dass die kausale Interaktion zwischen Geist und Körper unter der Bedingung der kausalen Geschlossenheit der materiellen Welt ein großes Problem darstellt, solange man davon ausgeht, dass mentale Ereignisse *keine* physischen Ereignisse sind. Das ist eine starke Motivation für eine materialistische Auffassung des Mentalen, wie wir sie in diesem und dem nächsten Kapitel diskutieren werden.

Wir werden dabei, wie in der Diskussion üblich, zwischen zwei Varianten des Materialismus unterscheiden: dem reduktiven und dem nicht-reduktiven Materialismus. Der reduktive Materialismus, der Gegenstand dieses Kapitels ist, behauptet, dass nicht nur jedes einzelne mentale Ereignis (und jeder einzelne mentale Zustand, ein Zusatz, auf den ich im Folgenden verzichten werde) ein physisches Ereignis ist, sondern dass auch alle mentalen *Eigenschaften* physische *Eigenschaften* sind und es daher strikte Naturgesetze gibt, die physische und mentale Ereignisse miteinander (und mentale Ereignisse untereinander) verbinden, sodass jedes mentale Ereignis sich *im Prinzip* bei entsprechender Kenntnis der Naturgesetze und des Zustands der Welt naturwissenschaftlich erklären und vorhersagen lassen müsste.[160] Der nichtreduktive Materialismus, den wir im nächsten Kapitel besprechen werden, lehnt dagegen den Gedanken einer Erklärung und Prognose des Mentalen durch das Nicht-Mentale ab und beharrt darauf, dass mentale Eigenschaften nicht mit physischen Eigenschaften identisch sind und es keine naturgesetzlichen Beziehungen zwischen dem Physischen und dem Mentalen gibt (was das Adjektiv »nicht-reduktiv« rechtfertigen würde). Er behauptet allerdings, dass es dennoch einen Sinn gibt, in dem mentale Ereignisse mit physischen Ereignissen identisch sind (was den Titel »Materialismus« rechtfertigen würde). Ich werde im Folgenden die vier historisch einflussreichsten reduktiven Auffassungen des Mentalen vorstellen und diskutieren. Die ersten drei dieser Auffassungen – der analytische Behaviorismus, die klassische Identitätstheorie und der klassische Funktionalismus – haben jeweils einen zentralen methodischen Grundgedanken zum Ausgangspunkt. Die vierte Variante – der analytische Funktionalismus – lässt sich als eine Kombination dieser drei Grundgedanken zu einer eigenen Position verstehen. Die kritische Diskussion dieser Ansätze in dem vorliegenden Kapitel verfolgt ausschließlich den Zweck, die relativen Vorzüge und Nachteile der verschiedenen Ansätze hervortreten zu lassen. Erst im nächsten Kapitel werden grundlegende Probleme für alle reduktiven Auffassungen des Mentalen erörtert.

7.1 Analytischer Behaviorismus

Der reduktive Materialismus des 20. Jahrhunderts hebt an mit dem ebenso einfachen wie erstaunlichen Vorschlag, dass alle Sätze unserer Sprache, mit denen wir über Mentales reden, in Sätze *übersetzbar* sind oder durch Sätze *analysiert* werden können, die ausschließlich von Nicht-Mentalem – letztlich Physischem – handeln.[161] Wenn wir sagen, dass jemand sich in einem bestimmten mentalen Zustand befindet oder ein bestimmtes mentales Ereignis stattfindet, dann, so die Idee, *sagen wir tatsächlich nichts anderes, als* dass ein bestimmter physischer Zustand besteht oder ein bestimmtes physisches Ereignis stattfindet. Da die Sprache, die in der grundlegendsten um umfassendsten Weise von Physischem redet, die Sprache der Physik ist, lässt sich dieser Gedanke auch so formulieren, dass alle Sätze unserer Sprache, mit denen wir über Mentales reden, in die Sprache der Physik übersetzt werden oder durch Sätze der Physik analysiert werden können. Man könnte diese Auffassung, die seit den 1920er Jahren zunächst von Mitgliedern des Wiener Kreises (bzw. Anhägern des logischen Empirismus), allen voran von Rudolf Carnap vertreten wurde,[162] daher mit einigem Recht als »analytischen Physikalismus« bezeichnen.[163] In der Literatur hat sich aus verschiedenen Gründen der Titel »analytischer« oder »logischer Behaviorismus« durchgesetzt, den auch ich im Folgenden verwenden werde. Ein historischer Grund für diese Bezeichnung besteht darin, dass diese Position wesentlich durch den zu Beginn des 20. Jahrhunderts aufkommenden Behaviorismus in der Psychologie motiviert ist,[164] der entscheidende sachliche Grund darin, dass für die Analysen unserer Rede über Mentales letztlich nur jener Teil der physikalischen Sprache relevant sein sollte, der sich auf das beobachtbare Verhalten von Organismen (in einem weiten Sinn von »Verhalten«, der jede Art beobachtbaren körperlichen Geschehens mit einschließt) bezieht.[165]

Beginnen wir damit, uns klarzumachen, dass es sich hier tatsächlich um eine Form des (reduktiven) Materialismus handelt. Das könnte man nämlich bezweifeln, indem man darauf verweist, dass der Materialismus doch als die *ontologische* These begriffen werden sollte, dass das Mentale nichts anderes *ist* als das Physische (und sich deshalb mit den Mitteln der Naturwissenschaft erklären und vorhersagen lässt). Der analytische Behaviorismus handelt aber gar nicht von dem Verhältnis des Mentalen zum Physischen, sondern bloß von dem Verhältnis des *Redens* über Mentales zum *Reden* über Physisches. Könnte es nicht sein, dass sich zwar tatsächlich unser Reden über Mentales – unser »mentales Vokabular«, wie ich kurz sagen werde – in behavioristischer Sprache analysieren lässt, aber das Mentale selbst doch etwas von unserem Verhalten Verschiedenes ist? Diesem Einwand sollte man wohl am besten dadurch begegnen, dass man darauf verweist, dass der reduktive Materialismus *keine rein ontologische* Position ist. Der reduktive Materialismus ist – wie jede interessante philosophische Auffassung des Mentalen – eine Auffassung darüber, was Mentales, *so wie wir es in unserem Reden und Denken begreifen*, seinem Wesen nach ist. Und wenn gezeigt werden kann, dass wir Mentales – entgegen dem ersten Anschein – nie anders begriffen haben denn als etwas seinem Wesen nach Physisches, erübrigt sich jede darüber hinausgehende Frage nach dem ›wirklichen‹ Wesen des Mentalen.[166]

Wie aber kann man überhaupt auf den Gedanken kommen – geschweige denn ihn zu begründen versuchen –, dass sich unser mentales Vokabular in eine rein physikalische Sprache übersetzen lässt? Carnap war davon überzeugt, dass das so sein *muss*. Er war der Auffassung, dass die Bedeutung eines Satzes in der Methode seiner Verifikation besteht und die Verifikation eines jeden Satzes durch die Beobachtung öffentlicher Gegenstände und Ereignisse erfolgt, wie sie durch Beobachtungssätze (sogenannte »Protokollsätze«) zum Ausdruck gebracht werden kann. Zwei Sätze haben dieser Auffassung zufolge genau dann dieselbe Bedeutung, wenn sich aus ihnen dieselben Beobachtungssätze ableiten lassen. Da Carnap darüber hinaus der Meinung war, dass die physikalische Sprache so beschaffen ist, dass sich jeder Beobachtungssatz in sie übersetzen lässt, konnte er den Schluss ziehen, dass sich *jeder* sinnvolle Satz, jeder Satz mit dem *überhaupt* etwas gesagt werden kann, in die physikalische Sprache übersetzen lassen muss, und also auch jeder Satz, der mentales Vokabular enthält.[167]

Da die Verifikationstheorie der Bedeutung uns heute nicht mehr überzeugt, müssen wir nach einer anderen Begründung suchen. In Ermangelung einer allgemeinen Überlegung, die zeigt, dass der analytische Behaviorismus wahr sein *muss*, können wir dabei nur so vorgehen, dass wir uns von plausiblen Analysen einzelner mentaler Ausdrücke oder Sätze überzeugen lassen. Doch genau die scheint es nicht zu geben und vielleicht nicht einmal geben zu können. Dem analytischen Behaviorismus zufolge soll ein mentaler Ausdruck wie »... ist aufgeregt« oder »... glaubt, dass es regnet« »als Disposition, unter den und den Bedingungen so und so zu reagieren«[168] analysiert werden. Das fatale Problem dabei ist, dass wir es nicht schaffen, irgendeine glaubwürdige Analyse zu formulieren, ohne die entsprechenden Bedingungen *wiederum durch mentales Vokabular zu spezifizieren* – was die Analysen für die Zwecke der behavioristischen Reduktion nutzlos macht. Das lässt sich leicht an Beispielen zeigen: Vielleicht möchten wir die Disposition, die beiden Wörter »Es« und »regnet« in relativer zeitlicher Nähe und mit einer bestimmten Betonung zu äußern, in unsere behavioristische Definition dessen aufnehmen, was es heißt, die Überzeugung zu haben, dass es regnet. Nun findet sich diese Disposition allerdings nicht bei solchen Anhängern dieser Überzeugung, die entweder diese Wörter nicht verstehen oder notorische Lügner sind. Wir können aber die Bedingung, dass die entsprechende Person die Wörter versteht und kein notorischer Lügner ist, nicht in unsere Definition mit aufnehmen, denn die Ausdrücke »versteht« und »notorischer Lügner« gehören mit zu unserem mentalen Vokabular. Dasselbe Ergebnis zeitigt auch jeder andere Definitionsversuch. Auch etwa die Disposition, den Schirm aufzuspannen, kann nicht ohne weitere Bedingungen in die behavioristische Definition des Habens der Überzeugung, dass es regnet, aufgenommen werden, denn bei einer Person, die es liebt, sich nassregnen zu lassen, taucht die Überzeugung in der Regel ohne diese Disposition auf. Wie aber sollen wir den Mangel an Neigung, sich nassregnen zu lassen, als zusätzliche Bedingung in die Definition mit aufnehmen, ohne wiederum mentales Vokabular zu verwenden?[169]

Ein zweites Problem des analytischen Behaviorismus, auf das immer wieder aufmerksam gemacht wird, betrifft seine Konzeption mentaler Ereignisse. Das Haben von Schmerzen ist dem analytischen Behaviorismus zufolge das Haben einer »Disposition, unter den und den Bedingungen so und so zu reagieren«. Selbst *wenn* aber Schmerzen tatsächlich immer mit einer entsprechenden Disposition einhergingen, die sich darüber hinaus in nicht-mentalem Vokabular beschreiben ließe, würden wir Schmerzen nicht als diese Disposition, sondern als deren *Ursache* begreifen. Dies ist offenbar ein fester Bestandteil unserer Alltagspsychologie, der sich in der Form alltäglicher Verhaltenserklärungen manifestiert:[170] Wir glauben und sagen, dass jemand jammert, *weil* er Schmerzen hat, wie wir auch sagen, dass er Schmerzen hat, *weil* er sich verbrannt hat, oder sich verbrannt hat, *weil* er nicht aufgepasst hat. Dieses »weil« scheint das gewöhnliche »weil« der *Kausalität* zu sein, und diese Erklärungen scheinen gewöhnliche Kausalerklärungen zu sein, in denen das Stattfinden eines Ereignisses als die Wirkung des Stattfindens eines anderen Ereignisses begriffen wird. Das gilt nun offenbar nicht nur speziell für das Jammern, sondern für *jeden möglichen Aspekt* des öffentlich beobachtbaren Verhaltens, der überhaupt etwas mit einer Schmerzempfindung zu tun haben kann. Dies aber ist mit dem analytischen Behaviorismus nicht vereinbar, dem zufolge zumindest jene Aspekte des Verhaltens, die in der Definition oder Analyse des Ausdrucks »... hat Schmerzen« genannt werden, keine *Wirkung* der Schmerzen sein können, da sie ein *konstitutiver Bestandteil* des Habens von Schmerzen selbst sind.

7.2 Klassische Identitätstheorie

Die zweite Variante des reduktiven Materialismus, die klassische Identitätstheorie, trat um die Mitte des letzten Jahrhunderts auf den Plan. Ihre bekanntesten Vertreter sind die australischen Philosophen U. T. Place und J. J. C. Smart.[171] Mit dem Aufkommen des Funktionalismus ein Jahrzehnt später wurde die Identitätstheorie lange Zeit nicht mehr als eine echte systematische Option, sondern als ein weiteres unrühmliches Kapitel der Geschichte des Materialismus betrachtet. Doch das hat sich in den letzten Jahren, in denen bestimmte Probleme des Funktionalismus zunehmend in den Fokus der Aufmerksamkeit gerückt sind, wieder geändert. Die Identitätstheorie hat eine gewisse Renaissance erlebt und wird, anders als der analytische Behaviorismus, durchaus wieder als eine theoretische Alternative ernst genommen. Wir werden uns hier allerdings auf die Diskussion der klassischen Variante beschränken.[172]

Der Grundgedanke der klassischen Identitätstheorie besteht darin, das Vorhaben einer *Analyse* unseres mentalen Vokabulars fallen zu lassen und den Materialismus nicht als eine Theorie über die Bedeutung mentalen Vokabulars, sondern über die *Natur mentaler Ereignisse* zu begreifen. Es geht nicht darum, was unsere mentalen Ausdrücke bedeuten, sondern darum, wie die Dinge ihrer Natur nach beschaffen sind, auf die wir mit diesen Ausdrücken Bezug nehmen. Und hier lautet der Gedanke, der der Theorie ihren Namen gibt, dass mentale Ereignisse mit physischen Ereignissen identisch sind.

Wir müssen bei dieser Formel ein wenig verweilen, denn sie ist in einer für die philosophische Auseinandersetzung mit der Frage des Materialismus bedeutsamen Weise zweideutig. Was ist mit der These gemeint, dass mentale Ereignisse wie Empfindungen nichts anderes als physische Ereignisse wie »Hirnvorgänge«[173]

sind? Wir müssen zwei Lesarten dieser These auseinanderhalten, die sich aus der Ambiguität der Rede über Ereignisse ergeben, die wir zu Beginn dieser Einführung erwähnt haben.[174] Gemeint sein könnte schlicht, dass *jedes einzelne* mentale Ereignis mit *irgendeinem einzelnen* Vorgang im Gehirn »numerisch identisch« ist, wie es heißt. Das wäre allerdings damit verträglich, dass, sagen wir, das Feuern bestimmter Neuronen zu einem bestimmten Zeitpunkt mit dem visuellen Erleben eines orangen Nachbildes identisch wäre, das Feuern derselben Neuronen zu einem anderen Zeitpunkt (ein anderes einzelnes Ereignis desselben Typs also) aber mit dem Empfinden eines stechenden Schmerzes in meinem linken Ohrläppchen. Dass die klassischen Identitätstheoretiker auf etwas anderes aus waren, lässt sich an ihrer bevorzugten Analogie ablesen, der »Identität« von Blitzen mit elektrischen Entladungen. Wenn wir sagen, dass Blitze nichts anderes sind als elektrische Entladungen, dann soll das zwar auch heißen, dass jeder einzelne Blitz mit einer einzelnen elektrischen Entladung numerisch identisch ist, aber es soll noch mehr heißen. Es soll heißen, dass das in einem bestimmten Sinn gar nicht anders sein kann, weil erstens die beiden *Eigenschaften*, die Eigenschaft, ein Blitz zu sein, und die Eigenschaft, eine elektrische Entladung zu sein, identisch sind, und zweitens die zweite dieser Eigenschaften die »wahre Natur« der Dinge darstellt, die die erste dieser Eigenschaften besitzen. Wie Smart schreibt:

»Die moderne Physik lehrt uns, dass Blitze eine bestimmte Form elektrischer Entladung aufgrund der Ionisierung von Wolken aus Wasserdampf in der Atmosphäre sind. Dieses – so glaubt man heute – ist es, was die wahre Natur von Blitzen ist. Man beachte, dass es hier nicht zwei Dinge gibt: einen Blitz und eine elektrische Entladung. Es gibt nur ein Ding, einen Blitz, der wissenschaftlich als eine elektrische Entladung von einer Wolke ionisierter Wassermoleküle zur Erde beschrieben wird. [...] Wir sagen, dass was ein Blitz wirklich ist, was seine wahre Natur ist, wie sie durch die Wissenschaft enthüllt wird, eine elektrische Entladung ist.«[175]

Die klassische Identitätstheorie hat anders als der analytische Behaviorismus offenbar kein Problem, unser intuitives Verständnis des Verhältnisses von mentalen Ereignissen und beobachtbarem Verhalten angemessen zu repräsentieren. Ihr zufolge können mentale Ereignisse ohne Weiteres als die Ursachen dieses Verhaltens begriffen werden.

Das hat aber seinen Preis. Denn wenn der Gedanke, dass die Eigenschaft eines Ereignisses, ein mentales Ereignis einer bestimmten Art zu sein, mit der Eigenschaft identisch ist, ein physisches Ereignis einer bestimmten Art zu sein, nicht zur *Bedeutung* unseres mentalen Vokabulars gehört und also nicht durch dessen *Analyse* begründet werden kann, wie lässt er sich dann *überhaupt* begründen? Man könnte der Meinung sein, dass eine Begründung auf empirischem Weg erfolgen kann, durch die fortschreitende Entdeckung der Arten von »Hirnvorgängen«, mit denen jeweilige Arten mentaler Ereignisse identisch sein sollen. Aber es ist schwer zu sehen, wie sich auf diese Weise mehr als die These rechtfertigen lässt, dass Hirnvorgänge einer bestimmten Art mit mentalen Ereignissen einer bestimmten Art *naturgesetzlich korreliert* sind – was sicherlich nicht dieselbe These ist wie die, dass die beiden Arten von Ereignissen *identisch* sind.

Ein zweites Problem der Identitätstheorie, das allgemein als ihr Hauptproblem angesehen wird, ist das sogenannte Problem der »multiplen Realisierbarkeit«.[176] Es besteht darin, dass die Identitätsaussagen der klassischen Identitätstheorie das Verhältnis zwischen Mentalem und Physischem falsch darzustellen scheinen. Die klassische Identitätstheorie ist darauf festgelegt, dass nur Wesen mit einem *Gehirn*, das physisch dem unseren in der Weise gleicht, dass in ihm *genau dieselben Vorgänge* ablaufen können, mentale Ereignisse genau derselben Arten haben können, wie wir sie haben. Diese Festlegung widerspricht aber offensichtlich sowohl unserer alltäglichen als auch der wissenschaftlichen Praxis der Zuschreibung mentaler Ereignisse. So nehmen wir an, dass auch Elefanten oder Hühner Schmerzen empfinden können. Wie aber könnte das sein, wenn die *wahre Natur* von Schmerzen darin bestünde, ein Hirnvorgang derjenigen Art zu sein, wie er stattfindet, wenn *wir* Schmerzen haben? Mit anderen Worten scheint es ein Prinzip sowohl unserer alltäglichen als auch der wissenschaftlichen Praxis zu sein, dass Arten mentaler Ereignisse, sollten sie *überhaupt* mit Arten physischer Ereignisse korreliert sein, auf *mehrere Weisen* mit ihnen korreliert (und in diesem Sinn »multipel realisiert«) sein können. Die Frage, ob ein anderes Wesen in der Lage ist, eine Empfindung genau derselben Art zu erleben, wie ich sie gerade erlebe, machen wir, anders als die Identitätstheorie, nicht davon abhängig, ob der Körper dieses Wesens in der Lage ist, irgendeines der physischen Ereignisse zu erleiden, die gerade in meinem Körper stattgefunden haben. Unser Verständnis des Mentalen scheint sogar damit vereinbar, dass Wesen mit einer ganz anderen körperlichen Ausstattung – Quallen, Androiden, Außerirdische – im Prinzip in der Lage sein können, bestimmte mentale Ereignisse der Art zu haben, wie auch wir sie haben können.

7.3 Klassischer Funktionalismus

Die Position, die wir als »klassischen Funktionalismus«[177] bezeichnen, wurde in ihrer maßgeblichen Form in den 1960er Jahren von Hilary Putnam und Jerry Fodor formuliert.[178] Ihr zufolge sind mentale Ereignisse und Zustände genau von derselben Art wie Ereignisse und Zustände in einem Computer, wenn wir diesen nicht als ein konkretes *physisches* System begreifen, sondern als ein System, das ein bestimmtes *Programm* ausführt. Aus dieser Perspektive betrachtet, sind die ›Dinge‹, aus denen der Computer besteht und die sich im Computer ereignen, allein dadurch bestimmt, welche *Funktion* sie haben: was sie *tun*, welche *Aufgaben* sie erledigen oder welche *Rolle* sie für die Abläufe im System spielen. Der Begriff der Funktion, auf den der klassische Funktionalismus sich stützt, ist dabei ein *kausaler* Begriff.[179] Eine bestimmte Funktion oder *funktionale Eigenschaft* zu haben heißt hier, eine bestimmte *kausale Rolle* zu spielen. Es ist hilfreich, die kausalen Beziehungen, die zusammen eine bestimmte kausale Rolle und damit eine entsprechende funktionale Eigenschaft ausmachen, in drei Klassen einzuteilen: System-Ereignisse können ›Input‹-Beziehungen zu Ereignissen außerhalb des Systems, durch die sie verursacht werden, ›Output‹-Beziehungen zu Ereignissen außerhalb des Systems, die von ihnen verursacht werden, und Beziehungen zu anderen System-Ereignissen unterhalten.

Mithilfe des Begriffs der funktionalen Eigenschaft können wir den klassischen Funktionalismus als eine Weiterentwicklung der klassischen Identitätstheorie verstehen, die darin besteht, die mentalen Eigenschaften von Ereignissen (sagen wir: ein Schmerz zu sein) nicht mit bestimmten ihrer *physischen* Eigenschaften (das Feuern bestimmter Neuronen zu sein), sondern mit bestimmten ihrer *funktionalen* Eigenschaften (die für Schmerz charakteristische Rolle zu spielen) zu identifizieren. Wie die klassische Identitätstheorie und anders als der analytische Behaviorismus macht auch der klassische Funktionalismus keine analytischen Behauptungen über die Bedeutung mentalen Vokabulars, sondern Behauptungen über die »wahre Natur« mentaler Ereignisse, wie Smart es genannt hatte.

Es ist offensichtlich, dass der Funktionalismus so dem Problem der multiplen Realisierbarkeit entgeht. Eine funktionale

Eigenschaft zu besitzen besteht darin, eine bestimmte kausale Rolle zu spielen. Jede funktionale Eigenschaft kann daher von Ereignissen vielfältiger Art exemplifiziert werden. Die einzige *generelle* Bedingung, die Ereignisse erfüllen müssen, um *überhaupt* eine funktionale Eigenschaft besitzen zu können, besteht darin, dass sie in kausalen Beziehungen zu anderen Ereignissen stehen können. Das ist offenbar keine echte Herausforderung. Die *spezifische* Bedingung, die ein Ereignis erfüllen muss, um eine *bestimmte* funktionale Eigenschaft zu besitzen, kann allerdings sehr anspruchsvoll sein. Das liegt vor allem daran, dass funktionale Eigenschaften konstitutiv wechselseitig voneinander abhängen können (und das in der Regel auch tun), da die kausalen Rollen, in denen sie bestehen, einander wechselseitig voraussetzen. Denken wir an eine sehr einfache funktionale Eigenschaft wie die Eigenschaft, ein Pumpen zu sein. Vorgänge vielfältigster Art können ein Pumpen sein, aber kein Vorgang kann ein Pumpen sein, solange er nicht mit *anderen* Ereignissen auf die *richtige Weise* kausal verknüpft ist, um zu bewirken, dass Flüssigkeiten oder Gase ihren Ort wechseln. Mentale Eigenschaften sind nun typischerweise auf eine sehr viel komplexere Weise untereinander kausal vernetzt. Denken wir an die funktionale Rolle, in der die Eigenschaft, ein Schmerz zu sein, bestehen könnte. Putnam beschreibt sie so:

»Diese Rolle ist, wenigstens teilweise durch die Tatsache charakterisiert, dass die Sinnesorgane, die für die fraglichen Inputs verantwortlich sind, Organe sind, deren Funktion es ist, Schaden für den Körper oder gefährliche Extreme der Temperatur, des Drucks etc. zu entdecken, und durch die Tatsache, dass die ›Inputs‹ selbst, was immer ihre physikalische Realisierung sein mag, einen Zustand darstellen, dem der Organismus selbst einen hohen negativen Wert beimisst.«[180]

Wenn diese Charakterisierung korrekt ist, können sich nur in einem System, das sinnlich wahrnehmen und Bewertungen vornehmen kann, Vorgänge abspielen, die die funktionale Rolle von Schmerzen spielen. Sinnliche Wahrnehmungen und Bewertungen müssen dabei wiederum als kausale Rollen begriffen werden, die eventuell ihrerseits durch kausale Beziehungen zu anderen Arten mentaler Ereignisse konstituiert sind usw. Damit ein Ereignis einer bestimmten Art also eine bestimmte funktionale Eigenschaft realisieren kann, muss es mit der richtigen Anzahl anderer Ereignisse in der richtigen Weise durch Kausalbeziehungen verknüpft sein (von denen jedes wiederum mit der richtigen Anzahl weiterer Ereignisse in der richtigen Weise durch Kausalbeziehungen verknüpft ist usw.). Aber ganz egal, wie die Anforderungen an die Realisierung der funktionalen Eigenschaften ausfallen: Dem klassischen Funktionalismus zufolge *ist* das Mentale nichts anderes als ein komplexes Muster konstitutiv miteinander zusammenhängender kausaler Rollen, und *jedes* System – insbesondere auch jedes physische System –, in dem kausale Vorgänge stattfinden, die diesem Muster folgen, *ist* eine Realisierung des Mentalen.

Auf diese Weise kann der klassische Funktionalismus zwar unsere Intuition erklären, dass mentale Ereignisse einer bestimmten Art nicht an eine spezifische Form ihrer materiellen Realisierung gebunden sind. Allerdings zahlt er dafür den hohen Preis, streng genommen das Anrecht auf den Titel einer *materialistischen* Position zu verlieren. Der klassische Funktionalismus ist zwar eine *reduktive* Auffassung des Mentalen, insofern er das Mentale (mentale Eigenschaften) mit Nicht-Mentalem (funktionalen Eigenschaften) identifiziert, aber er ist *kein Materialismus*, da das Nicht-Mentale, mit dem er das Mentale identifiziert, nichts Physisches ist. Er ist völlig damit vereinbar, dass die funktionalen Eigenschaften, die ihm zufolge die Natur mentaler Ereignisse ausmachen, in einer nicht-materiellen Substanz, etwa einer Seele oder einer cartesischen *res cogitans*, realisiert sind.[181]

Wenn man diesen Punkt ernst nimmt, erscheint der klassische Funktionalismus in einem ungünstigen Licht: Als reduktive Auffassung hat er mit grundlegenden Schwierigkeiten zu kämpfen, denen jede Form der Reduktion des Mentalen ausgesetzt ist;[182] als nicht-materialistische Auffassung ist er darüber hinaus auch dem grundlegenden Problem einer angemessenen Erklärung mentaler Verursachung ausgesetzt.[183]

7.4 Analytischer Funktionalismus

Beinahe gleichzeitig mit dem klassischen Funktionalismus wurde von den australischen Philosophen David Lewis und David Armstrong eine andere Variante des Funktionalismus entwickelt, die wir als *analytischen Funktionalismus* bezeichnen werden.[184] Der analytische Funktionalismus lässt sich, wie bereits angekündigt, als eine Zusammenführung von Grundgedanken aller drei bisher besprochenen Auffassungen begreifen. Mit dem analytischen Behaviorismus hält er an dem Gedanken fest, dass der Materialismus ein *analytisches* Element beinhalten muss und dass *ein Bezug auf beobachtbares Verhalten zur Bedeutung* unseres mentalen Vokabulars gehört. Wie der klassische Funktionalismus behauptet er, dass der Bezug auf die *kausale Rolle* mentaler Ereignisse für ein angemessenes Verständnis des Mentalen entscheidend ist. Und wie die klassische Identitätstheorie begreift er mentale Eigenschaften dennoch als *physische* Eigenschaften.

Wie geht das zusammen? Kurz gesagt begreift der analytische Funktionalismus mentale Ereignisse als *diejenigen physischen Ereignisse*, die *diejenige kausale Rolle* spielen, die *durch die Bedeutung unseres mentalen Vokabulars festgelegt* wird. Etwas ausführlicher lässt sich diese Idee in zwei Schritten erläutern.

Der erste Grundgedanke des analytischen Funktionalismus ist eine These über die Bedeutung unseres mentalen Vokabulars oder den Gehalt unserer mentalen Begriffe. Ausdrücke oder Begriffe, mit denen wir uns auf mentale Ereignisse beziehen, lassen sich dem analytischen Funktionalismus zufolge so *analysieren*, dass sie von mentalen Ereignissen als Ereignissen handeln, *die eine bestimmte Reihe typischer Ursachen und Wirkungen haben*. Wenn man sagt, dass gerade ein mentales Ereignis einer bestimmten Art stattfindet, dann *bedeutet* das dieser Analyse zufolge, dass gerade ein mentales Ereignis derjenigen Art stattfindet, wie es typischerweise durch Ereignisse der und der Arten verursacht wird und typischerweise Ereignisse der und der Arten verursacht.[185] Als Quelle der Analyse soll dabei unser implizites Wissen über die typischen Ursachen und Wirkungen mentaler Ereignisse bestimmter Arten dienen, wie es sich in unseren alltagspsychologischen Überzeugungen manifestiert.

Mit dem analytischen Behaviorismus teilt der analytische Funktionalismus also nicht nur den methodischen Ansatzpunkt bei der Analyse mentalen Vokabulars, sondern auch den Gedanken, dass ein Bezug zum Verhalten zu der Bedeutung unseres mentalen Vokabulars selbst gehört. Hier hören die Gemeinsamkeiten dann aber auch auf. Ein entscheidender Vorteil des analytischen Funktionalismus gegenüber dem Behaviorismus besteht darin, dass seine Analysen *selbst mentales Vokabular enthalten* dürfen. Das ist wichtig, denn jede plausible kausale Analyse dessen, was es heißt, Schmerzen zu haben, wird unter den typischen Wirkungen von Schmerzen mentale Ereignisse wie das *Bemerken, dass* man Schmerzen hat, und das *Eintreten des Wunsches*, die Schmerzen mögen aufhören, auflisten. Da den Analysen vom analytischen Funktionalismus anders als vom analytischen Behaviorismus nicht bereits als solchen die Aufgabe aufgebürdet wird, Mentales auf Nicht-Mentales zurückzuführen, ist der Bezug auf andere Arten mentaler Ereignisse innerhalb der Analyse unproblematisch. Noch andere Vorteile gegenüber dem analytischen Behaviorismus lassen sich bereits erkennen: Zum einen werden mentale Ereignisse nicht *als* Verhaltensweisen (oder Dispositionen zu Verhaltensweisen) begriffen, sondern – in Übereinstimmung mit unserer Alltagspsychologie – als *Ursachen* von Verhaltensweisen; zum anderen können die Beziehungen zwischen mentalen Ereignissen und den in ihre Analyse eingehenden Verhaltensweisen dadurch lockerer als Beziehungen verstanden werden, die *typischerweise* bestehen, nicht aber in jedem einzelnen Fall bestehen müssen. Und schließlich können nicht nur die typischen Wirkungen, sondern auch die typischen Ursachen mentaler Ereignisse mit in die Analyse einbezogen werden.[186]

Der zweite Grundgedanke des analytischen Funktionalismus nimmt nun die Idee der klassischen Identitätstheorie auf, dass mentale Ereignistypen (mentale Eigenschaften) mit physischen Ereignistypen (physischen Eigenschaften) *identifiziert* werden können. Dieser Schritt hat nichts mehr mit der *Bedeutung* des mentalen Vokabulars zu tun. Die Angabe des physischen Ereignistyps, mit dem ein bestimmter mentaler Ereignistyp identifiziert werden soll, gehört dem analytischen Funktionalismus zufolge nicht mehr zur Angabe der Bedeutung des entsprechenden mentalen Ausdrucks, sondern stellt eine *empirische* These darüber dar, welche physischen Ereignisse *de facto* diejenige kausale Rolle spielen, als deren Inhaber mentale Ereignisse eines bestimmen Typs definiert sind. Die Aufgabe, die Identitäten, die zwischen mentalen und physischen Ereignistypen bestehen, zu ermitteln, fällt daher auch nicht der Philosophie, sondern den empirischen Wissenschaften zu. Wenn, wie wir annehmen müssen, unsere Analysen bestimmter mentaler Ausdrücke Bezug auf weitere mentale Ausdrücke nehmen, dann lassen sich diese Identitäten nicht Stück für Stück ermitteln. Wechselseitig hinsichtlich ihrer Bedeutung voneinander abhängige mentale Ausdrücke oder Begriffe bilden *Familien* von Begriffen, denen Familien von mentalen Ereignistypen entsprechen, die nur *als Ganze* mit entsprechenden Familien physischer Ereignistypen identifiziert werden können.[187]

Die Vorzüge des analytischen Funktionalismus gegenüber dem analytischen Behaviorismus haben wir bereits erörtert. Der entscheidende Vorzug gegenüber dem klassischen Funktionalismus besteht offenbar darin, dass wir es hier mit einer echten Form des reduktiven Materialismus zu tun haben, für die sich das Problem der mentalen Verursachung nicht mehr stellt: Wenn mentale Ereignisse einer bestimmten Art mit physischen Ereignissen einer bestimmten Art identisch sind, dann fallen sie unter dieselben Naturgesetze und stehen in denselben kausalen Beziehungen wie diese physischen Ereignisse. Ein wichtiger Vorteil gegenüber der klassischen Identitätstheorie besteht darin, dass dem analytischen Funktionalismus zufolge die Identifizierungen von mentalen und physischen Eigenschaften keine bloßen *Setzungen* auf der Basis empirisch festgestellter Korrelationen darstellen, sondern als die Ergebnisse empirischer Forschung begriffen werden können, denen die Wissenschaften dadurch auf die Spur kommen, dass sie untersuchen, welche physischen Ereignisse tatsächlich diejenigen kausalen Rollen spielen, die unseren mentalen Begriffen zufolge die entsprechenden mentalen Ereignisse definieren.

Insofern der analytische Funktionalismus das Verhältnis des Mentalen zum Physischen als eines der *Identität* und nicht der *Realisierung* begreift, stellt sich aber die Frage, wie er mit dem Problem der *multiplen* Realisierbarkeit fertig wird. Betrachten wir zunächst, wie sich dieses Problem für den analytischen Funktionalismus stellt. Wenn die Analyse mentaler Ausdrücke oder Begriffe ergibt, dass, sagen wir, Schmerzen diejenigen Ereignisse sind, die die Schmerz-Rolle spielen (wobei der Ausdruck »Schmerz-Rolle« hier eine Abkürzung für das komplexe Ergebnis der begrifflichen Analyse des Ausdrucks »Schmerz« darstellt), dann scheinen wir damit vorauszusetzen, dass es genau eine Art physischer Ereignisse gibt, auf die die Beschreibung »diejenigen Ereignisse, die die Schmerz-Rolle erfüllen« zutrifft. Das Problem der multiplen Realisierbarkeit bestand darin, dass es sowohl intuitiv als auch wissenschaftlich plausibel ist anzunehmen, dass das verkehrt ist: Die Schmerz-Rolle kann anscheinend von physischen Ereignissen sehr unterschiedlicher Art erfüllt werden. Die gängige Reaktion auf diesen Einwand besteht in einer *Einschränkung* der Identitätsaussagen. Was mit einer jeweiligen Art physischer Ereignisse identifiziert wird, sind nicht *einfach* Schmerzen, sondern *Schmerzen bei einer bestimmten Art von Wesen.*[188] So könnte dann die Eigenschaft, ein Schmerz bei Menschen zu sein, mit *einer* physischen Eigenschaft, die Eigenschaft, ein Schmerz bei Hühnern zu sein, mit einer *anderen* physischen Eigenschaft identifiziert werden. Das heißt nun aber, dass es dem analytischen Funktionalismus zufolge so viele verschiedene *Arten* von Schmerzen gibt, wie es Weisen gibt, die Schmerz-Rolle physisch auszufüllen. Das kann aber sicherlich nicht mehr als eine angemessene Darstellung unserer alltäglichen (oder auch wissenschaftlichen) Rede von Schmerzen begriffen werden. Wenn wir etwa behaupten, dass auch Hühner Schmerzen empfinden, dann scheinen wir damit behaupten zu wollen, dass Hühner Erlebnisse *derselben Art* haben, wie wir sie haben, wenn wir Schmerzen empfinden. Hier kann der analytische Funktionalist nur einen Ersatz anbieten: Dasjenige, was all den Wesen, die ihm zufolge jeweils *verschiedene Arten* von Schmerzen haben, *gemeinsam* ist, lässt sich wie folgt bestimmen: Ein Wesen einer bestimmten Art hat genau dann Schmerzen im uneingeschränkten Sinn, wenn sich in ihm ein physisches Ereignis der Art abspielt, wie sie bei Wesen seiner Art die Schmerz-Rolle ausfüllen.[189] Doch dies ist tatsächlich nur ein *minderwertiger* Ersatz für unsere alltägliche Rede von Schmerzen. Auf diese Weise lässt sich kein einheitlicher Begriff von *Schmerzen* als mentalen *Ereignissen* rekonstruieren, sondern nur ein einheitlicher Begriff des *Habens von Schmerzen* als der *Eigenschaft*, Schmerzen der für die jeweilige Art von Wesen spezifischen Art zu erleiden. Unser *alltäglicher* Begriff des Schmerzes scheint aber ein Begriff einer einheitlichen Art von *Ereignissen* zu sein. Diesem Begriff zufolge lässt sich *auch* die Frage stellen, ob verschiedene Arten von Wesen verschiedene Arten von Schmerzen erleben – aber sie lässt sich sicherlich nicht allein durch eine Untersuchung dessen beantworten, was in ihren Gehirnen vor sich geht.

8. Körper und Geist II – Nicht-reduktiver und eliminativer Materialismus

In diesem letzten Kapitel möchte ich zunächst zwei grundlegende Probleme aller Arten reduktiver Theorien des Mentalen diskutieren, um dann der Frage nachzugehen, wie ein *nicht-reduktiver* Materialismus aussehen könnte, der zwar einerseits den materialistischen Grundgedanken unterschreibt, dass unsere Welt eine materielle Welt ist, andererseits aber die Autonomie des Mentalen gegenüber dem Physischen anerkennt. Eine solche Auffassung hat der amerikanische Philosoph Donald Davidson in den 1970er Jahren entwickelt. Während es eine Zeit lang so aussah, als könnte auf diese Weise das Mentale in einem unverkürzten Sinn als Bestandteil einer materiellen Welt anerkannt werden, haben die nachfolgenden Debatten um den nicht-reduktiven Materialismus ergeben, dass die Sache nicht so einfach ist. Insbesondere scheint diese Auffassung mit dem prinzipiellen Problem behaftet zu sein, kein befriedigendes Bild mentaler Verursachung zeichnen zu können.

Wenn es auch dem nicht-reduktiven Materialismus nicht gelingt, unser intuitives Alltagsverständnis des Mentalen mit einem aufgeklärten Verständnis der materiellen Welt als einem von strikten Naturgesetzen regierten Reich in Einklang zu bringen, dann müssen wir abschließend zumindest die Frage aufwerfen, ob die Schuld nicht vielleicht bei unserem intuitiven Verständnis des

Mentalen selbst zu suchen ist. Die Auffassung, dass die Gegenstände unserer Alltagspsychologie – mentale Zustände und Ereignisse mit mentalen Gehalten und phänomenalem Charakter – einfach nicht existieren, firmiert unter dem Titel »eliminativer Materialismus«. Ihre Diskussion schließt unsere Überlegungen zum Verhältnis von Körper und Geist ab.

8.1 Die beiden Grundprobleme des reduktiven Materialismus

Wir haben die beiden grundlegenden mentalen Phänomene des repräsentationalen Gehalts und des phänomenalen Bewusstseins bereits untersucht. Jede mentale Eigenschaft ist letztlich auf eines dieser Phänomene zurückzuführen. Eigenschaften wie die, ein Gedanke einer bestimmten Art zu sein, von etwas zu handeln oder wahr oder falsch zu sein, sind Eigenschaften, die mentale ›Dinge‹ nur haben können, wenn sie einen repräsentationalen Gehalt aufweisen. Eigenschaften wie die, ein Erlebnis, eine Empfindung, eine Wahrnehmung, eine sinnliche Vorstellung oder eine akustische Erinnerung einer bestimmten Art zu sein, sind Eigenschaften, die mentale ›Dinge‹ nur haben können, wenn sie phänomenal bewusst sind. Allgemein gesprochen sind mentale Eigenschaften genau diejenigen Eigenschaften, die konstitutiv von mindestens einem der beiden mentalen Phänomene abhängen. Jede reduktive Auffassung des Mentalen muss daher eine reduktive Erklärung dieser beiden Phänomene beinhalten.

Nun verfügen wir bisher nicht nur über keine anerkannte reduktive Erklärung dieser beiden Phänomene, es lassen sich darüber hinaus gewichtige Gründe dafür anführen, dass eine solche Erklärung prinzipiell nicht möglich ist. Beginnen wir mit dem Phänomen des mentalen Gehalts.

Die Normativität mentalen Gehalts

Wir hatten oben gesagt, dass der Begriff des repräsentationalen Gehalts von mentalen Zuständen und Ereignissen von dem Begriff der *Rationalität* abhängt und damit ein *normativer* Begriff ist. Die Normativität mentalen Gehalts war uns dort vor allem im Zusammenhang mit dem Problem der *Individuierung* von Gedanken und ihren Gehalten begegnet. Um zu entscheiden, ob zwei Gedankenzuschreibungen – »Ödipus glaubt, dass Iokaste begehrenswert ist«; »Ödipus glaubt, dass seine Mutter begehrenswert ist« – Zuschreibungen unterschiedlicher Gedanken oder unterschiedliche Zuschreibungen desselben Gedankens sind, müssen wir uns fragen, ob eine Denkerin *vernünftigerweise* (d.h. ohne sich dem Vorwurf der *Irrationalität* auszusetzen) den einen dieser Gedanken für wahr, den anderen aber für falsch halten kann. Das aber ist eine *normative* Frage. Vernünftig denken wir, wenn wir unser Denken an bestimmten *Normen* orientieren, mit Bezug auf die Einhaltung dieser Normen *kritisch überprüfen* und gegebenenfalls *korrigieren*.

Dasselbe Ergebnis erhalten wir, wenn wir betrachten, nach welchen Prinzipien wir anderen Personen Gedanken *zuschreiben*. Selbstverständlich sind für diese Zuschreibungen zunächst einmal die Dinge relevant, die andere *faktisch* tun und sagen. Dass aber immer noch mehr im Spiel ist, lässt sich leicht an Problemfällen zeigen. Was tun wir, wenn jemand angesichts eines Kaninchens »Guck mal, ein Eichhörnchen!« sagt? Vielleicht sollten wir ihm die falsche Überzeugung zuschreiben, dass da ein Eichhörnchen ist. Aber das ist nicht zwingend. Vielleicht glaubt er auch, dass da ein Kaninchen ist, hat sich aber versprochen, oder er verwendet das Wort »Eichhörnchen« anders als wir, oder er möchte uns täuschen, oder er möchte überprüfen, ob wir ihm zuhören, oder er möchte unsere Unterwürfigkeit auf die Probe stellen.

Welche dieser Alternativen die richtige ist, lässt sich letztlich nur dadurch herausfinden, dass wir überlegen, welche am besten in unser Gesamtbild der Person als eines vernünftig denkenden und handelnden Wesens passt. Der Verlauf unserer Interpretation der Gedanken und Äußerungen anderer wird, wie Davidson sagt, »zum Teil durch das konstitutive Ideal der Rationalität gesteuert«[190]. Zumindest unsere Begriffe des Gehalts und des Gedankens sind also wesentlich normative Begriffe. Und solange wir keinen triftigen Grund haben zu glauben, dass unsere Begriffe uns über das Wesen der Dinge, die wir durch sie begreifen, systematisch täuschen, sollten wir annehmen, dass auch mentaler Gehalt selbst und damit das Haben von Gedanken eine wesentlich normative Angelegenheit ist.[191]

Dies ist nun aber bereits ein ausreichender Grund zu bezweifeln, dass die reduktiven Auffassungen, die wir im letzten Kapitel kennengelernt haben, auf Gedanken zutreffen können. Denn wenn einige unserer mentalen Ausdrücke und Begriffe *normative* Ausdrücke und Begriffe in dem Sinn sind, dass ihre Anwendung nicht nur Implikationen im Hinblick darauf hat, was der Fall ist, sondern auch im Hinblick darauf, was der Fall sein *soll*, dann kann eine *Analyse* oder *Definition* dieser Begriffe in *nicht*-normativen Begriffen *prinzipiell* nicht ihren vollen Gehalt erfassen. Die physikalischen oder funktionalen Begriffe, in denen analytischer Behaviorismus und Funktionalismus die Bedeutung unseres mentalen Vokabulars angeben wollen, sind aber wesentlich nichtnormative Begriffe, die lediglich die physische Beschaffenheit und kausale Abhängigkeit der Dinge betreffen, die unter sie fallen. Analog gilt: Wenn einige mentale Eigenschaften *normative* Eigenschaften in dem Sinn sind, dass ihr Besitz Konsequenzen nicht nur im Hinblick darauf hat, was der Fall *ist*, sondern auch im Hinblick darauf, was der Fall sein *soll*, dann können diese Eigenschaften *prinzipiell* nicht mit nicht-normativen Eigenschaften identisch sein. Die physischen und funktionalen Eigenschaften, mit denen klassische Identitätstheorie und Funktionalismus die mentalen Eigenschaften identifizieren wollen, sind aber wesentlich nicht-normative Eigenschaften, die lediglich die physische Beschaffenheit und kausale Abhängigkeit ihrer Träger betreffen.

Wir können diesen Punkt – näher an Davidsons ursprünglicher Formulierung – auch direkt mit Bezug auf die Idee einer *physikalischen Erklärung* und *Prognose* von mentalen Ereignissen formulieren. Eine solche Erklärung ist nur dann möglich, wenn Typen mentaler Ereignisse – Schmerzempfindungen, Farberlebnisse, Urteile, dass etwas Bestimmtes der Fall ist – in gesetzesartige Beziehungen zu Typen physischer Ereignisse gebracht werden können. Mit anderen Worten müssten wir in der Lage sein, *psycho-physische Gesetze* zu formulieren. Das wäre nur möglich, wenn sich unsere *mentalen* Begriffe in *naturwissenschaftliche* Theorien, letztlich die basale Physik, integrieren ließen. Genau das aber geht nicht, wenn unsere mentalen Begriffe wesentlich normative Begriffe sind, deren Anwendung von dem »konstitutiven Ideal der Rationalität« gesteuert wird.

Die Subjektivität phänomenalen Bewusstseins

Aber nicht nur der mentale Gehalt, auch das phänomenale Bewusstsein widersetzt sich hartnäckig einer Reduktion auf physische oder funktionale Eigenschaften. Während viele Philosophinnen und Philosophen geneigt sind, die Normativität mentalen Gehalts zu leugnen oder zumindest nicht als ein unlösbares Problem zu betrachten, gibt es nur wenige, die die Hoffnung haben, phänomenales Bewusstsein lasse sich restlos als eine physische oder funktionale Eigenschaft der entsprechenden Ereignisse begreifen.

Eine wichtige Überlegung, die zeigen soll, warum die Erlebnishaftigkeit einiger mentaler Ereignisse ein Grund für prinzipielle Zweifel an reduktiven Auffassungen des Mentalen darstellt, verdanken wir Thomas Nagel. Mit Nagel können wir alle Tatsachen, die die Erlebnishaftigkeit mentaler Ereignisse betreffen, als »phänomenologische Tatsachen« bezeichnen. Dann scheint Folgendes zu gelten:

»Es gibt einen Sinn, in dem phänomenologische Tatsachen völlig objektiv sind: eine Person kann von einer anderen Person wissen oder sagen, welche Qualität das Erlebnis der anderen hat. Dennoch sind sie in dem Sinne subjektiv, daß diese objektive Zuschreibung von Erlebnissen nur für jemanden möglich ist, der dem Objekt der Zuschreibung ähnlich genug ist, um dessen Perspektive einnehmen zu können – um sozusagen die Zuschreibung in der ersten Person ebenso gut zu verstehen wie die in der dritten.«[192]

Die Subjektivität, um die es Nagel hier geht, betrifft offenbar das Verstehen von sprachlichen Ausdrücken oder entsprechenden Begriffen. Ein mentaler Ausdruck oder Begriff ist in diesem Sinn genau dann subjektiv, wenn man ihn nur unter der Bedingung verstehen kann, dass man selbst bereits das Subjekt von Ereignissen der Art war, auf die er sich bezieht.[193] Genau das soll für Begriffe gelten, die sich auf Erlebnisse beziehen. Nun macht Nagel zu Recht darauf aufmerksam, dass die physikalischen oder funktionalen Begriffe, die in den Analysen des analytischen Behaviorismus und Funktionalismus auftauchen, keine subjektiven Begriffe in diesem Sinn sind. Im Gegenteil handelt es sich hier um Begriffe, die den Anspruch erheben, möglichst objektiv in dem Sinn zu sein, dass sie sich möglichst unabhängig von jeder subjektiven oder auch nur artspezifischen Perspektive verstehen lassen.

Ein Argument, das denselben Punkt auf eine sehr viel eingängigere Art macht, ist das sogenannte »Wissens-Argument« des australischen Philosophen Frank Jackson.[194] Dieses Argument geht aus von folgendem Gedankenexperiment: Nehmen wir an, eine Wissenschaftlerin (nennen wir sie »Mary«) lebt bis zu einem gewissen Zeitpunkt in einer ausschließlich schwarz-weißen Umgebung und hat daher noch nie eines der Farberlebnisse gehabt, wie wir sie normalerweise haben, wenn wir auf irgendeine Stelle des Farbkreises blicken. Nehmen wir weiter an, durch schwarzweiße Bücher und schwarz-weißes Fernsehen erwerbe Mary das vollständige physikalische Wissen über den Menschen, also insbesondere auch das vollständige physikalische Wissen über die menschliche Farbwahrnehmung. Fragen wir uns nun, wie wir die epistemische Situation beschreiben würden, in die Mary gerät, wenn sie entlassen wird und erstmals eine reife Tomate sieht. Wir scheinen, so Jackson, sagen zu müssen, dass Mary in dieser Situation etwas über die Farbwahrnehmung des Menschen *lernen würde* (nämlich »wie es für Menschen ist«, etwas Rotes zu sehen). Das aber bedeutet, dass sie neues Wissen über den Menschen erwerben würde. Und daraus folgt, dass Mary vor ihrer Entlassung kein vollständiges Wissen über den Menschen besaß. Da sie aber vor ihrer Entlassung das vollständige *physikalische* Wissen über den Menschen besaß, können wir schließen, dass es Wissen über den Menschen gibt, das kein physikalisches Wissen ist.[195]

Diese Überlegungen bieten uns Gründe, an dem Gedanken der Möglichkeit einer Analyse mentaler Begriffe in physikalischen oder funktionalen Begriffen zu zweifeln, wie er dem analytischen Behaviorismus und Funktionalismus zugrunde liegt. Allerdings ist nicht unmittelbar klar, warum sie gegen die Identitätstheorie sprechen sollten. Immerhin könnte es doch sein, dass die subjektiven »phänomenalen Begriffe« (wie sie in der jüngeren Debatte genannt werden), mit denen wir den Erlebnischarakter mentaler Ereignisse zum Ausdruck bringen, und die objektiven Begriffe naturwissenschaftlicher Theorien letztlich bloß zu zwei verschiedenen Weisen gehören, sich sprachlich und gedanklich auf ein und dieselben Eigenschaften zu beziehen.[196]

Doch ganz so einfach kann es nicht sein. Wie Nagel betont, verfügen wir in anderen Fällen, in denen wir davon sprechen, dass wir ein und dieselbe Eigenschaft auf unterschiedliche Weisen begreifen – wie etwa in dem von der klassischen Identitätstheorie gerne gebrauchten Beispiel des Begriffs des Blitzes und des Begriffs der elektrischen Entladung einer bestimmten Art – über ein grundlegendes *Verständnis des Zusammenhangs* dieser beiden Begriffe. Dieses Verständnis bildet den Hintergrund für die Verständlichkeit der Behauptung, dass es sich hier um zwei Weisen des Begreifens ein und derselben Eigenschaft handelt. Der Zusammenhang zwischen den beiden Begriffen wird im Fall der Blitze durch die Idee hergestellt, dass Blitze Ereignisse sind, die Wesen wie uns auf eine bestimmte subjektive Weise erscheinen, *weil* sie eine bestimmte objektive Beschaffenheit besitzen. Ein solcher Zusammenhang fehlt aber nun gerade im Fall der phänomenalen und der objektiven Begriffe. Wie Nagel sagt, zeigen seine Überlegungen daher zwar nicht, dass der reduktive Materialismus *falsch* ist, aber sie zeigen, dass es sich um eine Position handelt, »die wir nicht verstehen können, weil wir gegenwärtig keine Konzeption davon haben, wie [sie] wahr sein könnte«[197].

7.2 Reduktiver und nicht-reduktiver Materialismus

Der Materialismus entspringt der vernünftigen Motivation, den kausalen Zusammenhang des Mentalen mit der materiellen Welt verständlich zu machen. Nun haben wir gesehen, dass die reduktiven Varianten des Materialismus mit erheblichen Problemen zu kämpfen haben, die ihre Plausibilität oder gar ihre Verständlichkeit infrage stellen. In dieser dialektischen Situation liegt es nahe, sich nach einer Konzeption des Materialismus umzusehen, die die kausale Interaktion des Mentalen mit dem Materiellen erklären kann, ohne dabei so weit zu gehen, das Mentale auf Nicht-Mentales zu reduzieren. Der »anomale Monismus«, den Donald Davidson seit den 1970er Jahren entwickelt hat, verspricht, eine solche Konzeption zu sein. Es lohnt sich daher, einen genaueren Blick darauf zu werfen.

Wir können damit beginnen, einen *minimalen* Materialismus zu formulieren:

> (MinMat) Alle *konkreten Einzeldinge* – Gegenstände und Ereignisse in Raum und Zeit, die Wirkungen haben und erleiden können – sind *materielle* Einzeldinge, d. h. Einzeldinge, die *physische Eigenschaften* haben und unter *physikalische Begriffe* fallen. Es gibt nichts – kein Einzelding – in der Welt, das sich einer physikalischen Beschreibung prinzipiell entzieht.

Der minimale Materialismus ist mit der Existenz einer nicht-materiellen Seele oder einer cartesischen *res cogitans* unvereinbar. Aber, und das ist der entscheidende Punkt, er ist mit der Existenz mentaler Ereignisse und Zustände vereinbar, die *sowohl* physische Ereignisse und Zustände sind, *als auch* in irreduzibler Weise mentale Ereignisse und Zustände. Mithilfe des Begriffs der Eigenschaft können wir das so ausdrücken, dass (MinMat) mit der Existenz irreduzibel mentaler Eigenschaften und irreduzibel mentaler Begriffe und Ausdrücke vereinbar ist.

(MinMat) kann als der gemeinsame Nenner aller Arten des Materialismus begriffen werden, wobei der reduktive Materialismus darüber hinaus besagt, dass jede mentale Eigenschaft mit einer physischen Eigenschaft identisch ist, während der nicht-reduktive Materialismus auf der Existenz irreduzibel mentaler Eigenschaften und Begriffe beharrt.[198]

Da sich strikte Naturgesetze und naturgesetzliche Erklärungen nur mit Bezug auf Ereignisse formulieren lassen, insofern diese physische Eigenschaften besitzen und unter physikalische Begriffe fallen, impliziert der nicht-reduktive Materialismus, dass es keine strikten Gesetze gibt, die Typen mentaler Ereignisse mit Typen physikalischer Ereignisse in Beziehung setzen, und dass sich mentale Ereignisse daher als die mentalen Ereignisse, die sie sind, nicht physikalisch erklären oder vorhersagen lassen.[199]

Nehmen wir ein einzelnes mentales Ereignis wie etwa die Druckempfindung, die ich verspürte, als ich den ersten Buchstaben dieses Satzes in den Computer tippte. Dieses einzelne Ereignis ist dem minimalen Materialismus zufolge numerisch identisch mit einem materiellen Ereignis, vielleicht dem Feuern bestimmter Neuronen in meinem Gehirn während der Zeitspanne, die die Druckempfindung angedauert hat. Diese These unterschreiben sowohl der reduktive als auch der nicht-reduktive Materialismus. Das impliziert, dass besagte Druckempfindung auch eine physische Eigenschaft besitzt (das Feuern bestimmter Neuronen in meinem Gehirn zu sein) und sich unter physikalische Begriffe und eine entsprechende physikalische Beschreibung bringen lässt. Aber es besagt nicht, dass diese Druckempfindung *nichts anderes als* ein physisches Ereignis ist. Das wäre sie nur, wenn sie über ihre physischen Eigenschaften hinaus keine weiteren, irreduzibel mentalen Eigenschaften besäße. Genau das behauptet nun der reduktive und bestreitet der nicht-reduktive Materialismus.

Der nicht-reduktive Materialismus ist aber durchaus mit einer bestimmten Form der Abhängigkeit des Mentalen vom Physischen vereinbar, die unter dem Titel der »Supervenienz« viel Aufmerksamkeit erfahren hat. Für unsere Zwecke reicht es, Supervenienz als folgendes Verhältnis zwischen zwei Mengen oder ›Familien‹ von Eigenschaften zu begreifen, das sich so ausdrücken lässt:

> (Superv) Eine Familie von Eigenschaften *A* superveniert auf einer anderen Familie von Eigenschaften *B* genau dann, wenn es nicht möglich ist, dass sich zwei Gegenstände (bzw. ein Gegenstand zu zwei verschiedenen Zeitpunkten) hinsichtlich ihrer (seiner) *A*-Eigenschaften unterscheiden (unterscheidet), ohne sich hinsichtlich ihrer (seiner) *B*-Eigenschaften zu unterscheiden.[200]

Das lässt sich an einem Beispiel leicht verstehen. Es ist durchaus plausibel, dass (Superv) eine angemessene Formulierung der Beziehung ist, die zwischen den ästhetischen Eigenschaften von Bildern und der Verteilung von Farben auf ihrer Oberfläche besteht. Wenn wir ein schönes Bild weniger schön machen wollen, dann müssen wir seine Oberfläche manipulieren. Und wenn sich zwei Bilder hinsichtlich ihrer Schönheit unterscheiden, dann müssen sie sich auch hinsichtlich der Verteilung der Farben auf ihren Oberflächen unterscheiden. Das Beispiel macht auch bereits deutlich, dass diese Art von »Varianz-Abhängigkeit« in keiner Weise beinhaltet, dass die in dieser Weise abhängigen Eigenschaften »nichts anderes sind als« die Eigenschaften, von denen sie abhängen. Man kann behaupten, dass die Schönheit eines Bildes von der Verteilung der Farben auf seiner Oberfläche in der formulierten Weise *abhängt*, ohne zu behaupten, dass sie in nichts anderem als der Verteilung von Farben *besteht*.

Allerdings ist mit dem Gedanken der Supervenienz auch noch nicht viel gewonnen. Insbesondere ist die eigentlich interessante Frage nicht, ob ein nicht-reduktiver Materialismus mit dem Gedanken einer bestimmten Art der Abhängigkeit des Mentalen von Physischem *vereinbar* ist, sondern *welche* Form der Abhängigkeit zwischen dem Mentalen und dem Physischen ihm zufolge tatsächlich *besteht* und wie er sie *begründet.*

7.3 Das Problem der mentalen Verursachung

Ich hatte gesagt, dass die zentrale Motivation des Materialismus darin besteht, die kausale Interaktion zwischen dem Mentalen und dem Physischen verständlich zu machen. Aber gelingt dies dem nicht-reduktiven Materialismus tatsächlich?

Erste Zweifel könnten einem kommen, wenn man bedenkt, dass der nicht-reduktive Materialismus impliziert, dass es keine strikten psycho-physischen Gesetze gibt, der Begriff der Kausalität aber eng mit dem des strikten Gesetzes zusammenhängt. Die sogenannte »nomologische Konzeption der Kausalität« besagt, dass ein einzelnes Ereignis ein anderes einzelnes Ereignis *nur dann* verursacht haben kann, wenn es ein striktes Gesetz ist, dass Ereignisse des zweiten Typs durch Ereignisse des zweiten Typs verursacht werden. Auch wenn sie nicht unumstritten ist, wäre die Unvereinbarkeit des nicht-reduktiven Materialismus mit dieser Konzeption der Kausalität ein guter Grund, ihn abzulehnen.

Nun hat Davidson gezeigt, dass der nicht-reduktive Materialismus mit einer nomologischen Konzeption der Kausalität durchaus vereinbar ist. Das ist leicht zu sehen, wenn wir bedenken, dass ihm zufolge jedes einzelne mentale Ereignis *auch ein physisches Ereignis* ist und also auch physische Eigenschaften besitzt und daher unter physikalische Gesetze fällt.

Denken wir an unser Beispiel zurück: Die Berührung meines Fingers mit der Taste meines Computers kann auch einer nomologischen Konzeption der Kausalität zufolge meine Druckempfindung verursacht haben, da meine Druckempfindung numerisch mit einem einzelnen *physischen* Ereignis identisch ist und es daher durchaus ein striktes Naturgesetz geben kann, das die beiden Ereignisse verbindet. In diesem Gesetz wird dabei weder von Druckempfindungen noch von Computertasten die Rede sein, sondern vielleicht von einem physischen Druck auf bestimmte Nervenenden in Fingerspitzen, der das Feuern bestimmter Neuronen in einem mit diesen Nervenenden verbundenen Gehirn zur Folge hat.

Allerdings haben sich in der Debatte, die sich im Anschluss an Davidsons einflussreiche Formulierung des nicht-reduktiven Materialismus entspann, gewichtige Gründe ergeben, an der Wirksamkeit dieser Antwort zu zweifeln. Der wichtigste Grund lässt sich intuitiv so formulieren, dass dem nicht-reduktiven Materialismus zufolge zwar einzelne mentale Ereignisse einzelne physische Ereignisse verursachen können, aber nicht *als* die mentalen Ereignisse, die sie sind, sondern bloß *als* die physischen Ereignisse, die sie auch sind. Ihre *mentalen Eigenschaften* spielen für diese Verursachung keine Rolle. Der nicht-reduktive Materialismus ist daher anscheinend gezwungen, mentale Eigenschaften (und damit das Mentale als solches) als ›kausal impotent‹ – als bloßes Epiphänomen – zu begreifen.

Wenn wir annehmen, dass Ereignisse tatsächlich *als* Ereignisse einer bestimmten Art oder *vermöge* oder *kraft* bestimmter ihrer Eigenschaften in kausalen Relationen zu anderen Ereignissen stehen, können wir das Problem der mentalen Verursachung, das sich dem nicht-reduktiven Materialismus stellt, unabhängig von der nomologischen Konzeption der Kausalität formulieren. Es lautet dann so: Es gehört zu unserem wissenschaftlichen Weltbild und daher zu unserem aufgeklärten Verständnis der materiellen Welt, dass jedes physische Ereignis eine *vollständige physische* Kausalgeschichte besitzt.[201] Jedes einzelne Ereignis, das zu dieser Geschichte gehört, tut das kraft einer seiner physischen Eigenschaften. Gemäß dem nicht-reduktiven Materialismus sind aber die mentalen Eigenschaften eines mentalen Ereignisses nicht mit irgendwelchen seiner physischen Eigenschaften identisch. Wenn ein physisches Ereignis durch ein *mentales* Ereignis verursacht sein soll, dann muss es dem nicht-reduktiven Materialismus zufolge eine *zweite* Kausalgeschichte besitzen, an der das mentale Ereignis kraft einer seiner *mentalen* Eigenschaften teilnimmt. Dann wäre aber jeder Fall von mentaler Verursachung ein Fall von *kausaler Überdeterminiertheit*. Das aber hieße, dass in jedem Fall der Verursachung eines physischen Ereignisses durch ein mentales Ereignis das physische Ereignis auch dann noch verursacht worden wäre, wenn das mentale Ereignis *nicht stattgefunden hätte*.[202] Das ist sicherlich keine akzeptable Konsequenz.[203]

Man kann über die Triftigkeit dieser Überlegung nicht abschließend befinden, ohne sich eingehend mit Fragen der Ontologie von Ereignissen und ihrer Verursachung und mit dem Verhältnis von Verursachung und Erklärung zu beschäftigen.[204] Das können wir an dieser Stelle nicht tun.

Noch deutlicher als bei anderen Fragen mündet unsere Diskussion daher anscheinend in ein Dilemma: Ein unverkürztes Verständnis des Mentalen scheint nach einer rückhaltlosen Anerkennung des Phänomens der mentalen Verursachung zu verlangen. Eine rückhaltlose Anerkennung des Phänomens der mentalen Verursachung jedoch scheint nur durch die Identifikation mentaler mit physischen Eigenschaften möglich. Diese aber scheint ihrerseits auf eine Verkürzung des Mentalen um seine normativen und phänomenalen Aspekte hinauszulaufen. Das sieht nach einer Wahl zwischen Scylla und Charybdis aus: Entweder wir geraten in den Strudel einer reduktiven Erklärung des Mentalen, die das Mentale jener Aspekte beraubt, die es allererst einer philosophischen Untersuchung wert erscheinen lassen; oder wir geben den Gedanken einer genuinen kausalen Wirksamkeit des

Mentalen auf und landen damit in den Fängen des Epiphänomenalismus.

7.4 Eliminativer Materialismus?

Die Bescheidenheit verpflichtet uns dazu, die Schuld dafür, keinen Ausweg aus dieser Situation zu sehen, bei uns selbst zu suchen. Es wäre dann ein Mangel an Scharfsinn oder Fantasie oder an begrifflicher Entwicklung, der dazu führt, dass es der Philosophie nicht gelingt zu erklären, wie Mentales in dem unverkürzten Sinn, den wir der Alltagspsychologie und der Phänomenologie entnehmen können, kausal mit einer von strikten Naturgesetzen beherrschten materiellen Welt interagieren kann.

Nun muss man nicht so reagieren. Wir können die Schuld stattdessen auch der Alltagspsychologie und der Phänomenologie – kurz: unserem Selbstverständnis als Wesen mit mentalen Zuständen und Ereignissen – aufbürden und behaupten, dass dieses Selbstverständnis in einer Weise archaisch sei, dass gar nicht zu erwarten ist, dass es sich mit unserem aufgeklärten Verständnis der materiellen Welt in Einklang bringen lässt. Was es braucht, ist nicht eine Versöhnung dieser beiden Verständnisse, sondern eine Aufgabe oder Reform unseres Selbstverständnisses als geistige Wesen und damit eine Aufgabe des Mentalen, so wie es aus der Perspektive dieses Selbstverständnisses begriffen wird.

Eine Auffassung dieser Art wird üblicherweise als »eliminativer« Materialismus bezeichnet.[205] Seiner gängigsten Version liegt der Gedanke zugrunde, dass unsere Alltagspsychologie nicht nur weit davon entfernt ist, grundlegende Einsichten über das Wesen des Mentalen zu enthalten, sondern eher wie unsere Alltagsphysik begriffen werden sollte: als eine von Halbwahrheiten, Vorurteilen und Irrtümern durchdrungene und mehr auf Tradition als auf empirischen Belegen gegründete *Theorie* über das Wesen mentaler Zustände und Ereignisse. Der richtige Umgang mit Alltagstheorien in diesem Sinn sei nicht die philosophische Reflexion, sondern die wissenschaftliche Überprüfung – und die Alltagspsychologie überlebe diese Überprüfung nicht.

Gegen den eliminativen Materialismus ist vieles eingewendet worden, angefangen bei dem Hinweis, von einer falschen Konzeption unserer Alltagspsychologie auszugehen, bis hin zu dem Vorwurf glatter Selbstwidersprüchlichkeit, die darin besteht, der Alltagspsychologie vorzuwerfen, falsche *Überzeugungen* über mentale Zustände und Ereignisse zum Ausdruck zu bringen. Wie alle Positionen, die wir in dieser Einführung kennengelernt haben, verdiente er eine sehr viel detailliertere Darstellung und Auseinandersetzung, als das in diesem Rahmen geleistet werden kann.

Von allen anderen bisher besprochenen Positionen unterscheidet ihn aber eines: Wenn die einführenden Überlegungen zum Vorgehen der Philosophie und insbesondere der Philosophie des Geistes nicht völlig verkehrt sind, dann zielt der eliminative Materialismus nicht nur auf das Ende des Geistes, wie wir ihn kennen, sondern auch auf das Ende der Philosophie des Geistes, wie wir sie kennen.

Anhang

Anmerkungen

1 Ich werde im Folgenden gelegentlich die sprachliche Härte in Kauf nehmen, die darin liegt, von »Wesen mit mentalen Ereignissen« oder »mentalen Ereignissen, die ein Wesen hat« zu reden. Mentale Ereignisse *sind* fraglos ›Dinge‹, die einen ›Träger‹ haben, und mit Bezug auf bestimmte *Arten* mentaler Ereignisse wie Erinnerungen, Empfindungen usw. können wir das auch grammatisch korrekt zum Ausdruck bringen, indem wir von *jemandes* Erinnerung, Empfindung usw. reden. Genaueres zu mentalen Ereignissen und Zuständen und ihrem Zusammenhang vgl. unten, Kap. 2.2.

2 Adornos berühmter Satz über die Kunst, mit dem die *Ästhetische Theorie* beginnt, lautet: »Zur Selbstverständlichkeit wurde, daß nichts, was die Kunst betrifft, mehr selbstverständlich ist, weder in ihr noch in ihrem Verhältnis zum Ganzen, nicht einmal ihr Existenzrecht.« (Theodor W. Adorno, *Ästhetische Theorie*, Frankfurt/M. 1970, S. 9).

3 Eine eingehende Studie zur Philosophie der Philosophie – die allerdings für Anfängerinnen und Anfänger in diesem Fach nicht leicht zu verdauen ist – ist Timothy Williamson, *The Philosophy of Philosophy*, Oxford 2007.

4 Für eine grandiose Kritik der Philosophie als einer Form der Erkenntnis vgl. etwa Richard Rorty, *Philosophy and the Mirror of Nature*, Princeton 1979, dt. als *Der Spiegel der Natur. Eine Kritik der Philosophie*, Frankfurt/M. 1982, v. a. die Gegenüberstellung von »systematic philosophy« und »edifying philosophy« im dritten Teil.

5 Historische Beispiele sind die Bestimmung der Philosophie nicht als Erkenntnis, sondern als *Tätigkeit* (der Analyse von Sprache), die sich beim frühen Wittgenstein im *Tractatus* und im Anschluss daran bei einigen Vertretern des Wiener Kreises findet (vgl. etwa Moritz Schlick, »Die Wende der Philosophie«, in: *Erkenntnis* 1 (1930), S. 4-11), sowie das therapeutische Verständnis von Philosophie, das der späte Wittgenstein in den *Philosophischen Untersuchungen* entwirft.

6 Vgl. für diesen Gedanken vor allem Saul Kripke, *Naming and Necessity*, Oxford 1980.

7 Darüber hinaus hat W. V. O. Quine in W. V. O. Quine, »Two Dogmas of Empiricism«, in: *Philosophical Review* 60 (1951), S. 20-43, einflussreich argumentiert, dass ein in einem starken Sinn erfahrungsunabhängiges Wissen, dessen Gerechtfertigtheit für ein epistemisches Subjekt nicht von dem möglichen Verlauf seiner Erfahrung abhängt, schlicht nicht existiert.

8 Zur kontroversen Debatte über Intuitionen als Grundlage philosophischen Wissens vgl. Michael R. DePaul und William Ramsey (Hg.), *Rethinking Intuition*, Lanham, Md. 1998.

9 W. V. O. Quine, *Word and Object*, Cambridge 1960, dt. als *Wort und Gegenstand*, Stuttgart 1980, § 56.

10 Vgl. z.B. Stephen Stich, *From Folk Psychology to Cognitive Science*, Cambridge, Mass. 1983, 1, wo die Alltagspsychologie als »a loose knit network of largely tacit principles, platitudes, and paradigms« bezeichnet wird.

11 Vgl. Thomas Nagel, »What Is It Like to Be a Bat?«, in: *Philosophical Review* 83 (1974), S. 435-450.

12 Wir werden gegen Ende dieser Einführung mit dem eliminativen Materialismus eine Position kennenlernen, die tatsächlich behauptet, dass unsere Alltagspsychologie als Ganze verfehlt ist.

13 Eine deutschsprachige Einführung zum Geist-Körper-Problem, der es gelingt, einen Überblick über die verzweigte Diskussion zu liefern und gleichzeitig die zentralen begrifflichen und theoretischen Unterscheidungen verständlich zu erläutern, bietet Ansgar Beckermann, *Analytische Einführung in die Philosophie des Geistes*, 3. Aufl., Berlin 2008.

14 Der Ausdruck »Substanz« hat eine Geschichte, die bis in die antike Philosophie, insbesondere zu Aristoteles, zurückreicht; vgl. für einen Überblick zum Substanzbegriff Howard Robinson, »Substance«, in: Edward N. Zalta (Hg.), *Stanford Encyclopedia of Philosophy (*Summer 2013 Edition*)*, URL = <http://plato.stanford.edu/archive.sum2013/entries/substance/>

15 Das gilt Descartes zufolge streng genommen nur für Gott, aber ausgedehnte und denkende Dinge sind in einem weiteren Sinn deswegen Substanzen, weil sie in ihrer Existenz von nichts anderem als Gott abhängen.

16 In der Philosophie des Geistes des 20. Jahrhunderts hat Saul Kripke einflussreich an Descartes' sogenannten »metaphysischen« Beweis für den Dualismus angeknüpft (vgl. Saul Kripke, »Identity and Necessity«, in: M. Munitz (Hg.), *Identity and Individuation*, New York 1971, S. 135-164, und Kripke, *Naming and Necessity*); eine eingehende Diskussion dieses Beweises findet sich in Ansgar Beckermann, *Descartes' metaphysischer Beweis für den Dualismus. Analyse und Kritik*, Freiburg 1986.

17 Vgl. für die Formulierung eines »kausalen Arguments« gegen den Substanzdualismus Jaegwon Kim, *Physicalism, or Something Near Enough*, Princeton 2005, Kap. 3.

18 Vertreter eines Substanzdualismus übersehen diesen Gedankengang natürlich nicht einfach, sondern glauben, über zwingende Argumente für die Existenz des Geistes oder der Seele als einer Substanz zu verfügen. Für eine gute Diskussion der wichtigsten Argumente für und gegen den Substanzdualismus vgl. Beckermann, *Analytische Einführung in die Philosophie des Geistes*, Kap. 2 und 3.

19 Vgl. z. B. John Foster, *The Immaterial Self. A Defense of the Cartesian Dualist Conception of the Mind*, London 1991, und Richard Swinburne, *The Evolution of the Soul*, Oxford 1986; eine subtile Argumentation für einen Substanzdualismus, der sich von dem cartesischen aber deutlich unterscheidet, hat zuletzt Martine Nida-Rümelin entwickelt (vgl. Martine Nida-Rümelin, *Der Blick von innen*, Frankfurt/M. 2006).

20 Das heißt nicht, dass ontologische Untersuchungen sich in Untersuchungen dieser Art *erschöpfen*. Und selbst wenn sie sich darin erschöpften, hieße das nicht, dass Ontologie eigentlich nur Grammatik wäre. Wir untersuchen zwar unmittelbar Formen des Denkens und Redens, aber wir untersuchen damit zugleich grundlegende Aspekte der Dinge, über die wir in diesen Formen denken und reden. Wer das leugnete, müsste glauben, dass die Formen unseres Denkens und Redens unabhängig von den Dingen wären, über die wir denken und reden. Wir untersuchen, so könnte man daher auch sagen, *die Dinge, so wie sie sich in unserem Denken und Reden über sie darbieten.*

21 Immanuel Kant, *Kritik der reinen Vernunft*, B 49/A33.

22 Diesen Begriff der zeitlichen Form entnehme ich Helen Steward, *The Ontology of Mind. Events, Processes, and States*, Oxford 1997 (vgl. für den Begriff der zeitlichen Form etwa S. 73), wo sich ausführliche Überlegungen zu einer Ontologie des Mentalen finden, denen die kurze

Darstellung hier viel verdankt. Ausführlicher entwickle ich das Folgende in Jasper Liptow, *Begriffe im Denken. Grundzüge einer philosophischen Begriffstheorie*, (unv. Habilitationsschrift Goethe-Universität Frankfurt am Main).

23 Vgl. Zeno Vendler, »Verbs and Times«, in: *Philosophical Review* 66 (1957), S. 143-160.

24 Im Englischen stehen eigene Verbformen (»... is running«) zur Verfügung, um dies zum Ausdruck zu bringen. Im Deutschen ist der Aspekt dagegen nicht grammatikalisiert, sondern muss durch Wendungen wie die genannten zum Ausdruck gebracht werden.

25 Vendler begreift diesen Unterschied noch als einen des Tempus (»between verbs that possess continuous tenses and verbs that do not« [Vendler, »Verbs and Times«, 144]), nicht des Aspekts; ein Fehler, der in Alexander P. D. Mourelatos, »Events, Processes, and States«, in: *Linguistics and Philosophy* 2 (1978), S. 415-434, einem weiteren zentralen Diskussionsbeitrag zu diesem Thema, korrigiert wird.

26 Bei Vendler findet sich entsprechend eine gute Charakterisierung dieses grundlegenden Unterschieds, wenn er die Klasse der Zustände als »that puzzling category« beschreibt, »in which the role of verb melts into that of predicate, and actions fade into qualities and relations« (Vendler, »Verbs and Times«), 152.

27 Einige Philosophen haben die These vertreten, dass sich dieser Unterschied in der logischen Form der entsprechenden Sätze niederschlägt. Während ein Satz wie »Peter glaubt, dass Wale Fische sind« die logische Form einer Eigenschaftszuschreibung hat, sollten wir diesem Vorschlag zufolge die logische Form eines Satzes wie »Peter empfindet Schmerzen« so verstehen, dass er sagt, dass ein Ereignis existiert, das ein Empfinden von Schmerzen durch Peter ist (vgl. hierzu die Arbeiten von Donald Davidson in Donald Davidson, *Essays on Actions and Events*, Oxford 1980, dt. als *Handlung und Ereignis*, Frankfurt/M. 1985).

28 »It appears, then, that running and its kind go on in time in a homogeneous way; any part of the process is of the same nature as the whole. Not so with running a mile or writing a letter« (Vendler, »Verbs and Times«, 146).

29 Die Unterscheidung zwischen »types« und »tokens« wurde von dem amerikanischen Philosophen Charles Sanders Peirce als eine Unter-

scheidung zwischen zwei Weisen des Bezugs auf Zeichen entwickelt. Das Wort »Anna« besteht aus zwei Buchstaben-types, aber aus vier Buchstaben-tokens; vgl. Charles Sanders Peirce, *The Collected Papers of Charles Sanders Peirce*, Bd. IV, hg. v. P. Weiss and C. Hartshorne, Cambridge, Mass. 1933, S. 423.

30 Diese Einschränkung ist der Tatsache geschuldet, dass die Ambiguität des Deutschen hier so weit geht, dass sie sich auch auf das Wort »stattfinden« bezieht – etwa wenn wir sagen, dass »der Flohmarkt am Marktplatz an jedem zweiten Wochenende stattfindet«.

31 Vgl. unten Kap. 8.2.

32 Sie kommen aber nicht nur hier, sondern auch bei der Erklärung und Prognose des Verhaltens von Tieren und sogar von Maschinen zum Einsatz. Daniel Dennett, der Erklärungen auf dieser Basis als Erklärungen vom »intentionalen Standpunkt« bezeichnet, hat zu Recht darauf hingewiesen, dass wir etwa als Schachspieler das Verhalten von Schachcomputern nicht anders vorhersagen können als durch die Unterstellung von propositionalen Einstellungen (vgl. Daniel Dennett, »Intentional Systems«, in: *Journal of Philosophy* 68 [1971], S. 87-106). Wie ernst diese Zuschreibungen aber im Fall von Tieren und Maschinen zu nehmen sind, ist umstritten.

33 Die Beispiele zeigen, dass die Form des Inhaltssatzes nicht die einzige ist, in der der Gehalt mentaler Zustände und Ereignisse angegeben werden kann. Ich nehme aber an, dass sich die anderen Formen ohne Verlust in die paradigmatische Form (Z) übertragen lassen.

34 Vgl. unten Kap. 5.3.

35 Ich meine Einschränkungen wie die folgenden: Der Gehalt einer Absicht scheint sich auf meine zukünftigen Handlungen beziehen zu müssen – ich kann nicht beabsichtigen, dass zwei und zwei vier ist –, der Gehalt eines Wunsches auf zukünftige Sachverhalte – ich kann nicht den Wunsch haben, dass es gestern geregnet hat. Für Urteile und Überzeugungen scheinen keine solchen Einschränkungen zu bestehen.

36 Vgl. oben, Kap. 1.2

37 Vgl. Gottlob Frege: »Über Sinn und Bedeutung«, in: *Zeitschrift für Philosophie und philosophische Kritik* 100 (1892), S. 25-50, wieder abgedruckt in: ders.: *Funktion, Begriff, Bedeutung. Fünf logische Studien*, hg. u. eingel. von G. Patzig, 6. Aufl., Göttingen 1986, S. 40-65.

38 Frege nannte den Gegenstand, auf den sich ein Name bezieht, dessen »Bedeutung«; ich werde, um Verwechslungen mit unserer alltagssprachlichen Verwendung von »Bedeutung« (die eher der Frege'schen Verwendung von »Sinn« entspricht) zu vermeiden, weiter von »Bezug« reden.

39 Vgl. ebd., 41.

40 Tatsächlich bilden Zuschreibungen in der *de dicto*-Lesart nicht nur intensionale, sondern, wie es heißt, *hyper*intensionale Kontexte: Nicht nur die Ersetzung eines Ausdrucks durch einen anderen, der *faktisch* denselben Bezug hat, auch die Ersetzung eines Ausdrucks durch einen anderen, der *notwendigerweise* denselben Bezug hat, kann aus einer wahren eine falsche Zuschreibung machen. Um es an einem anderen Beispiel zu verdeutlichen: Gleichseitige Dreiecke sind notwendigerweise gleichwinklige Dreiecke. Daraus und aus der Aussage, dass Ödipus glaubt, dass gleichseitige Dreiecke interessant sind, folgt aber nicht, dass Ödipus glaubt, dass gleichwinklige Dreiecke interessant sind.

41 Es folgt eine für den Gehalt von Gedanken transponierte Version von Gottlob Freges berühmtem Kriterium des Unterschieds des Sinns von Sätzen (vgl. z.B. Frege, »Über Sinn und Bedeutung«, 47; vgl. auch die Diskussion und weitere Verweise in Gareth Evans, *The Varieties of Reference*, hg. v. John McDowell, Oxford 1982, 18 ff.). Evans weist darauf hin, dass man genauer nicht nur die beiden Einstellungen des Fürwahr- und Für-falsch-Haltens, sondern auch die dritte Einstellung des Agnostisch-Seins mit einbeziehen müsste. Ich übergehe diese Komplikation hier.

42 Am einflussreichsten für die jüngere Debatte wohl in John R. Searle, *Intentionality. An Essay in the Philosophy of Mind*, Cambridge, Mass. 1983, dt. als *Intentionalität. Eine Abhandlung zur Philosophie des Geistes*, Frankfurt/M. 1987.

43 Franz Brentano, *Psychologie vom empirischen Standpunkte*, in: *Franz Brentano. Sämtliche veröffentlichte Schriften*, Bd. 1, hg. v. Thomas Binder und Arkadiusz Chrudzimski, Frankfurt/M. 2008, 106.

44 Zum Verhältnis des heutigen Gebrauchs zum »klassischen« Gebrauch bei Brentano und Husserl und für ein Plädoyer für diesen klassischen Gebrauch vgl. Uwe Meixner, »Classical Intentionality«, in: *Erkenntnis* 65 (2006), S. 25-45.

45 Searle, *Intentionalität*, 19.

46 Hier gibt es im Prinzip noch eine andere Möglichkeit. Anstatt zu sagen, dass Intentionalität eine seltsame Relation ist, da sie auch dann instantiiert sein kann, wenn eines ihrer Relata nicht existiert, könnte man die These vertreten, dass sie eine normale Relation zu seltsamen *Gegenständen* ist, insofern eines ihrer Relata nur auf eine sehr seltsame, unwirkliche, Weise zu existieren braucht. Dieser Ausweg, dem ich hier nicht nachgehen kann, wird in der Regel mit den Arbeiten von Brentanos Schüler Alexius Meinong in Verbindung gebracht.

47 Auch der Hinweis, dass wir im Fall einiger Gedanken – etwa meiner Angst, dass der Nachbarshund mich beißt – sagen können, dass sie auf die Dinge gerichtet sind, von denen sie durch ihre Gehalte handeln – also etwa den Nachbarshund – , sollte uns nicht dazu verführen, diesen Sinn von »gerichtet«, der offenbar eng mit dem der Bezugnahme zusammenhängt, vorschnell mit dem Sinn von »gerichtet« zu identifizieren, in dem meine Angst vor dem Nachbarshund auf diesen gerichtet ist. Für letzteren spielt die Idee der Bezugnahme nämlich zumindest keine offensichtliche Rolle.

48 In den gängigen Darstellungen der RTM wird stattdessen häufig das Bild von verschiedenen Schachteln benutzt, in denen sich mentale Repräsentationen verschiedener Arten befinden. Vgl. etwa Jerry A. Fodor, *Concepts. Where Cognitive Science Went Wrong*, Oxford 1998, S. 8.

49 Vgl. für diese Formulierung Fodor, *Concepts*, 26. Die argumentative Berufung auf die Systematizität des Denkens geht zurück auf Gareth Evans' »Generality Constraint« (vgl. Evans, *The Varieties of Reference*, 100-105, besonders 104), das für den Spezialfall der Systematizität *singulärer* Gedanken, also etwa Überzeugungen der Form, dass a F ist, formuliert ist.

50 Die RTM überträgt hier einfach die linguistische Erklärung der Kompositionalität der Bedeutung sprachlicher Ausdrücke auf die Ausdrücke der Sprache des Geistes.

51 Vgl. für eine kurze Einführung in den Konnektionismus Beckermann, *Analytische Einführung in die Philosophie des Geistes*, 320ff.

52 Vgl. für eine entsprechende Kritik etwa Andreas Kemmerling, »Überzeugungen für Naturalisten«, in: Georg Meggle (Hg.), *Analyomen 2. Proceedings of the 2nd Conference »Perspectives in Analytical Philosophy«*, Bd. III, Berlin 1997, S. 59-83, 68. Kemmerling folgert daraus,

dass Überzeugungen als solche keine Form, auch keine *logische* Form haben (vgl. ebd., 69). Dass man diese Folgerung nicht ziehen muss und auch nicht ziehen sollte, deute ich an in Jasper Liptow, »Thinking and Judging«, in: *Grazer philosophische Studien* 86 (2012), S. 223-234.

53 Warum ich der Meinung bin, dass wir dieser Setzung nicht bedürfen, führe ich aus in Liptow, *Begriffe im Denken. Grundzüge einer philosophischen Begriffstheorie*, und Liptow, »Thinking and Judging«.

54 Vgl. unten Kap. 8.

55 Der Ausdruck Holismus leitet sich von dem griechischen Adjektiv *hólos* (»ganz«) her. Gelegentlich wird unter Holismus eine ›ganzheitliche‹ Auffassung bestimmter Gegenstände verstanden. Darum geht es hier nicht. Hier ist entscheidend, dass holistische Theorien einzelne Gegenstände als abhängig von einem Ganzen von Gegenständen begreifen. Zum Holismus insgesamt vgl. Georg W. Bertram and Jasper Liptow, »Holismus in der Philosophie. Eine Einleitung«, in: dies. (Hg.), *Holismus in der Philosophie*, Weilerswist 2002, S. 7-29.

56 Auf diesen Aspekt der Interpretation von Gedanken hat vor allem Donald Davidson immer wieder aufmerksam gemacht. Vgl. hierzu etwa die – für Neulinge in der Philosophie allerdings schwer verständlichen – Aufsätze »Radikale Interpretation« und »Denken und Reden« in Donald Davidson, *Inquiries into Truth and Interpretation*, Oxford 1984, dt. als *Wahrheit und Interpretation*, Frankfurt/M 1986. Es gibt hier allerdings Ausnahmen: Tieren etwa oder Kleinkindern schreiben wir selbst dann noch bereitwillig den Gedanken zu, dass vor ihnen eine Katze sitzt, wenn wir bezweifeln, dass sie über den Begriff des Säugetiers verfügen.

57 Vgl. für eine pointierte ausführlichere Darstellung Jerry A. Fodor und Ernest LePore, *Holism. A Shopper's Guide*, Oxford 1992, 17 ff. Dieses Buch enthält eine ausführliche Kritik aller einschlägigen Argumente für holistische Auffassungen mentalen Gehalts.

58 Mehr zum Naturalismus in der Philosophie des Geistes (unter dem Titel des »reduktiven Materialismus«) im 7. und 8. Kapitel. Diejenigen Probleme, die informationale Theorien mentalen Gehalts mit allen anderen reduktiven Theorien des Mentalen teilen, übergehe ich hier. Vgl. dazu unten, Kap. 8.1.

59 Die Idee einer informationalen Theorie des Gehalts geht zurück auf Dennis Stampe, »Toward a Causal Theory of Representation«, in: Peter French, Theodore Uehling Jr. und Howard Wettstein (Hg.), *Contemporary Perspectives in the Philosophy of Language*, Minneapolis 1979, S. 81-102, wichtige Stationen sind Fred Dretske, *Knowledge and the Flow of Information*, Oxford 1981, Jerry A. Fodor, *Psychosemantics*, Cambridge, Mass. 1987, und Jerry A. Fodor, *A Theory of Content and Other Essays*, Cambridge, Mass. 1990.

60 Kausalgesetzlicher Zusammenhang ist mehr als *bloß* regelmäßiger Zusammenhang, selbst dann, wenn es sich um eine strikte Regelmäßigkeit ohne Ausnahmen handelt. Ein Standardbeispiel, das dies verdeutlicht, ist die strikt regelmäßige, aber nicht kausalgesetzliche Abfolge von Tag und Nacht. Ich werde diese Komplikation hier aber vernachlässigen.

61 Vgl. Fodor, *Psychosemantics*, Kap. 4. Dass diese Lösung funktioniert, ist vielfach bestritten worden. Vgl. z. B. Fred Adams und Ken Aizawa, »Fodorian Semantics«, in: Stephen Stich und Ted Warfield (Hg.), *Mental Representation. A Reader*, Oxford 1994, S. 223-242. Ich werde diesem Problem hier aber nicht weiter nachgehen.

62 Vgl. Näheres zum Begriff der kausalen Rolle und dem entsprechenden Begriff der funktionalen Eigenschaft unten, Kap. 7.3 und 7.4.

63 Und selbst wenn es gelänge, hätte dies unweigerlich eine Unterscheidung zwischen analytischen und synthetischen Gedanken (zwischen Gedanken, die wahr sind allein aufgrund ihres Gehalts, und solchen, deren Wahrheit darüber hinaus von der Welt abhängt) zur Folge. Viele teilen aber W. V. O. Quines Zweifel, dass sich eine solche Unterscheidung sinnvoll treffen lässt (vgl. Quine, »Two Dogmas of Empiricism«).

64 Vgl. für eine knappe Darstellung Ruth Garrett Millikan, »Biosemantics«, in: *Journal of Philosophy* 86 (1989), S. 281-297; wer auf ein genaueres Verständnis aus ist, kommt allerdings nicht um die Lektüre ihres Hauptwerks – Ruth Garrett Millikan, *Language, Thought, and Other Biological Categories*, Cambridge, Mass. 1984 – herum.

65 Die Ausdrücke »Externalismus« und »Internalismus« werden auch in anderen Kontexten gebraucht, um philosophische Theorien, etwa des Wissens oder der epistemischen Rechtfertigung, einander gegenüberzustellen. Sie haben dann eine andere Bedeutung.

66 Vgl. AT VII, 21 (René Descartes, *Meditationen. Mit sämlichen Einwänden und Erwiderungen*, Hamburg 2009, 23).

67 Vgl. für eine Formulierung dieser Art etwa Gabriel Segal, *A Slim Book about Narrow Content*, Cambridge, Mass. 2000.

68 Eine allgemeine Darstellung dieser Entwicklung findet sich z. B. in Donald Davidson, »The Myth of the Subjective«, in: Michael Benedikt und Rudolf Berger (Hg.), *Bewußtsein, Sprache und die Kunst*, Wien 1988, wo der Externalismus als »the most promising and interesting change that is occurring in philosophy today« (43) gewürdigt wird.

69 Eine andere »objektivistische« Variante des Externalismus bildet die sogenannte »kausale« Theorie der Referenz wie sie in Kripke, *Naming and Necessity* (ursprünglich 1972 veröffentlicht) und Hilary Putnam, »The Meaning of ›Meaning‹«, in: ders., *Mind, Language and Reality*, Cambridge 1975, entwickelt wird. Seltener wird eine Variante des Externalismus vertreten, die man als »intersubjektivistischen« oder »sozialen« Externalismus bezeichnen kann. Ihr zufolge sind es nicht Beziehungen zur objektiven Welt, sondern Beziehungen zu anderen Subjekten und deren Gedanken, die für die Gehalte der Gedanken eines einzelnen Subjekts konstitutiv sind. Vgl. für eine einflussreiche Auffassung dieser Art Tyler Burge, »Individualism and the Mental«, in: *Midwest Studies in Philosophy* 4 (1979), S. 73-121.

70 Vgl. für eine besonders einflussreiche Version Ned Block, »Advertisement for a Semantics for Psychology«, in: *Midwest Studies in Philosophy* 10 (1986), S. 615-678.

71 Vgl. hierzu vor allem John McDowell, »Singular Thought and the Extent of Inner Space«, in: Philip Pettit und John McDowell (Hg.), *Subject, Thought, and Context*, Oxford 1986, S. 137-168.

72 Den Ausdruck »verbalisiertes Denken« übernehme ich von Charles Siewert (vgl. Charles P. Siewert, *The Significance of Consciousness*, Princeton 1998, Kap. 8), der diesen Aspekt des sinnlichen Bewusstseins detailliert untersucht.

73 Vgl. für ähnliche Unterscheidungen Peter Bieri, »Was macht Bewußtsein zu einem Rätsel?«, in: Wolf Singer (Hg.), *Gehirn und Bewusstsein*, Heidelberg 1994, S. 172-180. Eine wichtige und einflussreiche Unterscheidung verschiedener Arten oder Begriffe des Bewusstseins findet sich auch in Ned Block, »On a Confusion About a Function of Consciousness«, in: *Behavioral and Brain Sciences* 18 (1995), S. 227–247,

und in der gekürzten und in wesentlichen Punkten überarbeiteten Fassung Ned Block, »Concepts of Consciousness«, in: David Chalmers (Hg.), *Philosophy of Mind. Classical and Contemporary Readings*, Oxford 2002, S. 206-218; sie betrifft aber weniger unseren alltäglichen als den kognitionswissenschaftlichen oder psychologischen Gebrauch des Ausdrucks »Bewusstsein«; vgl. Näheres zu Blocks Unterscheidung unten, Anm. 77.

74 Bewusstsein in diesem Sinn ist selten zum Gegenstand eingehender philosophischer Untersuchungen gemacht worden. Vgl. aber Brian O'Shaughnessy, »The Anatomy of Consciousness«, in: *Philosophical Issues* 1 (1991), S. 135-177.

75 Vgl. für diese Unterscheidungen oben Kapitel 2.2. Ich gehe hier davon aus, dass Erlebnisse keine *momentanen* Ereignisse im Sinne der obigen Einteilung sein können, sondern immer eine, sei es noch so kurze, Zeitspanne dauern.

76 Vgl. ähnlich David M. Rosenthal, »The Independence of Consciousness and Sensory Quality«, in: *Philosophical Issues* 1 (1991), S. 15-36, 18. Für Rosenthal ist dies allerdings ein Grund, nicht von phänomenalem Bewusstsein zu sprechen. Vgl. mehr zu Rosenthals Auffassung unten im Abschnitt über »Gedanken-Höherer-Ordnung-Theorien«.

77 Der amerikanische Philosoph Ned Block hat eine weitere einflussreiche Unterscheidung zwischen phänomenalem Bewusstsein und einer Art des Bewusstseins, die er als »Zugangsbewusstsein« (*access consciousness*) bezeichnet, eingeführt. Zugangsbewusstsein, wie Block es definiert, ist eine Eigenschaft von mentalen Ereignissen mit einem repräsentationalen Gehalt. Ein solches Ereignis ist zugangsbewusst, wenn es, wie Block sagt, »zum freien Gebrauch im Denken und zur unmittelbaren ›rationalen‹ Kontrolle des Handelns [ausgestrahlt]« wird. (»A representation is [access]-conscious if it is broadcast for free use in reasoning and for direct ›rational‹ control of action« (Block, »Concepts of Consciousness«, 208); dies ist eine verbesserte Fassung der Bestimmung, die er in Block, »On a Confusion About a Function of Consciousness« vorgenommen hat). Die Rede von einem »Ausstrahlen« (*broadcasting*) soll deutlich machen, dass es hier nicht um das bloß dispositionale Zur-Verfügung-Stehen für das Denken und Handeln geht, wie es für das epistemische Bewusstsein kennzeichnend ist, sondern um ein echtes mentales *Geschehen*. Zugangsbewusstsein ist

wie phänomenales Bewusstsein eine Eigenschaft mentaler *Ereignisse*. Es ist schwierig, mentale Ereignisse ausfindig zu machen, die nicht sowohl phänomenal als auch zugangsbewusst sind. Doch das heißt weder, dass der *Begriff* des phänomenalen Bewusstseins mit dem des Zugangsbewusstseins zusammenfällt, noch dass es sich hier um ein und dasselbe *Phänomen* handelt. Was den *Begriff* des phänomenalen Bewusstseins angeht, so ist eine Verwechslung mit dem Begriff des Zugangsbewusstseins kaum möglich: Dass ein mentales Ereignis bestimmte Informationen zum freien Gebrauch für das Denken und Handeln »ausstrahlt«, ist sicherlich keine *Erläuterung* dessen, was es heißt, ein *Erlebnis* zu sein. Um zu zeigen, dass wir es hier mit zwei verschiedenen *Phänomenen*, mit zwei *Arten* des Bewusstseins (und nicht nur mit zwei verschiedenen Begriffen einer Art von Bewusstsein) zu tun haben, müsste gezeigt werden, dass es zumindest mentale Ereignisse *geben könnte*, die nur unter einen der beiden Begriffe fallen. Block versucht dies zu zeigen, aber der Erfolg ist umstritten.

78 Vgl. für die Einführung dieser viel verwendeten Formel Nagel, »What Is It Like to Be a Bat?«.

79 Vgl. etwa Bieri, »Was macht Bewußtsein zu einem Rätsel?«.

80 Charles Siewert bezeichnet dieses Vorgehen als »making consciousness conspicuous by its absence« (Siewert, *The Significance of Consciousness*, 73). Dieses Vorgehen kommt auch z.B. in Block, »On a Confusion About a Function of Consciousness«, zur Anwendung.

81 Vgl. für einen Überblick Philip M. Merikle und Meredyth Daneman, »Psychological Investigations of Unconscious Perception«, in: *Journal of Consciousness Studies* 5 (1998), S. 5-18.

82 Vgl. David M. Armstrong, *A Materialist Theory of the Mind*, London 1968, 114f. Ob es die Chicken-Sexer so, wie sie hier beschrieben werden, tatsächlich gibt, spielt für die folgende Überlegung keine Rolle.

83 Armstrong, *A Materialist Theory of the Mind*, 115: »It is natural to say that female and male chicks give rise to different sense-impressions in the chicken-sexer, and that these impressions are responsible for the sexer's choice but yet that the sexer has no direct awareness of these impressions.«

84 Armstrong selbst begreift Bewusstsein allgemein nicht als das Wissen von den eigenen mentalen Zuständen und Ereignissen, sondern als den Vorgang der »inneren Wahrnehmung«, der dieses Wissen er-

möglicht. Vgl. etwa Armstrong, *A Materialist Theory of the Mind*, 94: »[C]onsciousness is no more than awareness (perception) of inner mental states by the person whose states they are«.

85 Vgl. für eine sehr viel ausführlichere Behandlung der Blindsicht zum Zweck der Erläuterung phänomenalen Bewusstseins Siewert, *The Significance of Consciousness*, 73 ff. Die wichtigsten frühen psychologischen Studien zur Blindsicht wurden durchgeführt von Lawrence Weiskrantz; vgl. für einen Überblick Lawrence Weiskrantz, *Blindsight: A Case Study and Implications*, Oxford 1986.

86 Eine grundlegende Skepsis gegenüber allen üblichen Erklärungen phänomenalen Bewusstseins kommt bereits in Nagel, »What Is It Like to Be a Bat?« zum Ausdruck. James Levine hat in James Levine, »Materialism and Qualia: The Explanatory Gap«, in: *Pacific Philosophical Quarterly* 64 (1983), S. 354-361, die Rede von einer entsprechenden »Erklärungslücke« geprägt, und Colin McGinn hat die These vertreten, dass phänomenales Bewusstsein zwar nichts Übernatürliches sei, seine *Erklärung* aber »beyond human powers of theory construction« liege: »[C]onsciousness outruns what we can comprehend, given the ways our cognitive systems are structured – in rather the way that theoretical physics is beyond the intellectual capacities of the chimp« (Colin McGinn, *The Character of Mind*, 2. Aufl., Oxford 1996, 42).

87 Vgl. etwa C. I. Lewis, *Mind and the World-Order*, New York 1929, 60.

88 Dies ist ein sehr weiter Sinn von »Funktion« und »funktionaler Erklärung«. Genaueres dazu findet sich unten in der Diskussion verschiedener Varianten des Funktionalismus in Kap. 7.2 und 7.3.

89 Das heißt natürlich nicht, dass die Qualia-Auffassung damit unverträglich ist, die biologische Funktion von Schmerzen zu erforschen. Sie ist nur unverträglich damit, Schmerzen als etwas zu begreifen, das *wesentlich darin besteht*, eine biologische Funktion zu haben.

90 Vgl. oben, Kap. 1.2.

91 Gilbert Harman, »The Intrinsic Quality of Experience«, in: *Philosophical Perspectives* 4 (1990), S. 31-52, dt. als »Die intrinsische Qualität des Erlebens«, in: H.-D. Heckmann und S. Walter (Hg.): *Qualia. Ausgewählte Beiträge*, Paderborn 2001, 339-362, 349.

92 Vgl. zur Transparenz-These auch Michael Tye, *Ten Problems of Consciousness. A Representational Theory of the Phenomenal Mind*, Cambridge, Mass. 1995.

93 Repräsentationale Theorien des phänomenalen Bewusstseins finden sich etwa in Harman, »The Intrinsic Quality of Experience«, Fred Dretske, *Naturalizing the Mind*, Cambridge, Mass. 1995, und Tye, *Ten Problems of Consciousness. A Representational Theory of the Phenomenal Mind.*

94 Vgl. mehr zu der entsprechenden Auffassung der sinnlichen Wahrnehmung und zu ihrer Kritik unter dem Titel »Gehaltstheorie der Wahrnehmung« unten, Kap. 6.4.

95 Wir werden allerdings im übernächsten Kapitel sehen, dass diese Auffassung mit der Phänomenologie *des sinnlichen Wahrnehmens* selbst (und nicht seiner Introspektion) nur schwer zu vereinbaren ist.

96 Für eine ausführliche Kritik der Idee, dass sich die phänomenalen Qualitäten sinnlicher Wahrnehmungen auf deren Gehalt reduzieren lassen, vgl. Peter Lanz, *Das phänomenale Bewußtsein. Eine Verteidigung*, Frankfurt/M. 1996.

97 Harman, »The Intrinsic Quality of Experience«, 349.

98 Vgl. für das Folgende vor allem David M. Rosenthal, »Two Concepts of Consciousness«, in: *Philosophical Studies* 49 (1986), S. 329-359, Rosenthal, »The Independence of Consciousness and Sensory Quality«, David M. Rosenthal, »How Many Kinds of Consciousness?«, in: *Consciousness and Cognition* 11 (2002), S. 653–665.

99 Vgl. für Lockes Konzeption des inneren Sinns John Locke, *An Essay Concerning Human Understanding*, hg. v. Peter H. Nidditch, Oxford 1975, II, i, 4.

100 Vgl. Rosenthal, »How Many Kinds of Consciousness?«, 657 f.

101 Erstmals wurde eine solche Theorie des Bewusstseins meines Wissens in Armstrong, *A Materialist Theory of the Mind*, ausgearbeitet. Armstrong vertritt hier zwar zunächst eine Theorie des Bewusstseins als eines inneren Sinns und daher scheinbar nicht des Denkens von Gedanken höherer Ordnung, aber diese scheinbare Differenz wird dadurch wettgemacht, dass er das (sinnliche) Wahrnehmen als eine Form des Erwerbs von *Überzeugungen* und damit des Denkens von *Gedanken* begreift. Sowohl die sinnliche Wahrnehmung als auch die Introspektion sind Armstrong zufolge »a mere flow of information or beliefs« (Armstrong, *A Materialist Theory of the Mind*, 326).

102 Vgl. Rosenthal, »Two Concepts of Consciousness«, 338.

103 Vgl. für Rosenthals Begriff der »sensorischen Qualität« vor allem Rosenthal, »The Independence of Consciousness and Sensory Quality«.

104 Vgl. für eine mögliche Erwiderung auf diesen Einwand Rosenthal, »Two Concepts of Consciousness«, 350 f.

105 Vgl. Nagel, »What Is It Like to Be a Bat?«. Mehr zum Problem einer materialistischen Erklärung phänomenalen Bewusstseins siehe unten, Kap. 8.1.

106 Vgl. vor allem Daniel C. Dennett, »Quining Qualia«, in: A. J. Marcel und E. Bisiach (Hg.), *Consciousness in Contemporary Science*, Oxford 1988, S. 42-77, Daniel Dennett, *Consciousness Explained*, Boston, Mass. 1991, und Daniel Dennett, *Sweet Dreams. Philosophical Obstacles to a Science of Consciousness*, Cambridge, Mass. 2005. Die letzten beiden Bücher enthalten Dennetts eigene Theorie des Bewusstseins.

107 Können wir die Frage, was das Wesen des Mentalen *ist*, nicht noch von der Frage unterscheiden, was wir als das Wesen des Mentalen *begreifen*? Vielleicht, aber es ist schwer zu verstehen, worauf dieser Unterschied im Fall des Mentalen hinauslaufen sollte.

108 Ludwig Wittgenstein, *Philosophische Untersuchungen*, in: *Werkausgabe*, Bd. 1, Frankfurt/M. 1984, § 66.

109 Man beachte also, dass es in diesem Abschnitt nicht darum geht, eine vollständige Untersuchung der Epistemologie des Selbst-Wissens zu liefern. Uns interessiert das Selbst-Wissen hier nur insofern, als es geeignet sein könnte, ein Merkmal des Mentalen zu liefern.

110 AT VII, 29; zitiert nach der deutschen Übersetzung in Descartes, *Meditationen. Mit sämlichen Einwänden und Erwiderungen*, 32 f.

111 Unfehlbarkeit wird oftmals auch als »Unkorrigierbarkeit« bezeichnet (vgl. Armstrong, *A Materialist Theory of the Mind*, 100 f.; Richard Rorty, »Incorrigibility as the Mark of the Mental«, in: *Journal of Philosophy* 67 (1970), S. 399-424; Alston unterscheidet zwischen Unfehlbarkeit und Unkorrigierbarkeit mit Bezug auf einen Bereich von Sachverhalten und begreift Unkorrigierbarkeit als eine schwächere These, die nur besagt, dass es unmöglich ist, dass P glaubt, dass einer dieser Sachverhalte besteht, und sich zeigen lässt, dass das nicht der Fall ist (vgl. William P. Alston, »Varieties of Privileged Access«, in: *American Philosophical Quarterly* 8 (1971), S. 223-241).

112 Locke, *An Essay Concerning Human Understanding*, IV, ii, 1.

113 David Hume, *A Treatise of Human Nature*, hg. v. L. A. Selby-Bigge und Peter H. Nidditch, 2. Aufl., Oxford 1978, I, iv, 2.

114 Das genaue Gegenstück zur Unfehlbarkeit, so wie ich sie eben bestimmt habe, wäre das Merkmal der Selbst-Mitteilung (*self intimation*) einer Klasse von Sachverhalten, das so definiert werden kann, dass es unmöglich ist, dass ein Sachverhalt dieser Art besteht, ohne dass *P* *glaubt*, dass er besteht.

115 Dabei ist sowohl das »gegenwärtig« als auch das »abspielt« wichtig: *Zustände* wie Klugheit oder Einfühlsamkeit, Arroganz oder Hilfsbereitschaft, Überzeugungen oder Wünsche, in denen ich mich für eine bestimmte Zeit befinde, zählen nicht zum Mentalen im engeren Sinn, insofern es sich hier gar nicht um ›Dinge‹ handelt, die irgendwann *stattfinden.* Aber auch *vergangene* mentale Ereignisse zählen nicht zum Mentalen im engeren Sinn.

116 Armstrong, *A Materialist Theory of the Mind*, 101.

117 Andere Kandidaten, die in der philosophischen Literatur eine Rolle gespielt haben, sind *Unbezweifelbarkeit* und *Unkorrigierbarkeit.* Unbezweifelbar in dem hier einschlägigen Sinn sind jemandes Überzeugungen über einen bestimmten Bereich von Sachverhalten genau dann, wenn es unmöglich ist, dass die Person glaubt, dass ein Sachverhalt dieser Art besteht, es aber *einen Grund gibt zu bezweifeln*, dass ihre Überzeugung wahr ist. Zur Unkorrigierbarkeit siehe oben, Anm. 111. Aber auch Unbezweifelbarkeit und Unkorrigierbarkeit scheinen mit der Existenz unbewusster mentaler Ereignisse nicht vereinbar und stellen insofern keine Verbesserung dar.

118 Hier beginnt sich die Strategie des zweiten Kapitels auszuzahlen, das Mentale in eine ontologische Ordnung zu bringen.

119 Vgl. Frank Jackson, »Is There a Good Argument against the Incorrigibility Thesis?«, in: *Australasian Journal of Philosophy* 51 (1973), S. 51-62, für eine Verteidigung der Unfehlbarkeit (unter dem Namen der »Unkorrigierbarkeit«) mit Bezug auf mentale Ereignisse gegen gängige Einwände.

120 Vgl. oben Kap. 3.2.

121 Diesen Weg wählt Tim Crane in Tim Crane, »Intentionality as the Mark of the Mental«, in: Anthony O'Hear (Hg.), *Contemporary Issues in the Philosophy of Mind*, Cambridge 1998, S. 229-251, dt. als »Intentionali-

tät als Merkmal des Geistigen«, in: *Intentionalität. Sechs Essays zur Philosophie des Geistes*, Frankfurt/M. 2007, S. 23-50.

122 Es sollte klar sein, dass von der naturgesetzlichen Möglichkeit dieses konkreten Beispiels nichts abhängt.

123 Vgl. für einen Vorschlag dieser Art Crane, »Intentionality as the Mark of the Mental«.

124 Zu den hier einschlägigen Begriffen der Alltagspsychologie und der Phänomenologie vgl. oben, Kap. 1.2.

125 Vgl. für diese Unterscheidungen oben, Kap. 2.2.

126 Wie üblich werde ich meine Überlegungen im Folgenden am Fall des Sehsinns präsentieren und unterstellen, dass sie für andere Sinne analog gelten.

127 Vgl. oben, Kap. 3.1.

128 Searle, *Intentionalität*, 65.

129 »Nicht-inferenzieller Überzeugungserwerb« meint hier einfach einen Überzeugungserwerb, an dem keine bewusste Schlussfolgerung oder Überlegung beteiligt war.

130 Eine Auffassung dieser Art wurde im Detail unter dem Titel einer »Überzeugungstheorie« (*belief theory*) der Wahrnehmung von David Armstrong entwickelt (vgl. Armstrong, *A Materialist Theory of the Mind*).

131 Vgl. dazu genauer oben, Kap. 1.2.

132 Um terminologische Verwirrungen zu vermeiden, verwende ich »erleben« ausschließlich für das Erleben sinnlicher Qualitäten und verwende »erfahren«, um jenes Verhältnis zum eigenen Wahrnehmen zu bezeichnen, das die Grundlage der Phänomenologie des Wahrnehmens bildet.

133 John Searle hat diesen Aspekt der Phänomenologie der Wahrnehmung dadurch zum Ausdruck zu bringen versucht, dass er Wahrnehmungserlebnisse als »Präsentationen« von Gegenständen oder Sachverhalten bezeichnet. (Allerdings scheint seine intentionale Theorie nur schwer mit dieser Charakterisierung vereinbar.)

134 Zum mentalen Gehalt vgl. oben, Kap. 3.

135 Vgl. vor allem Bertrand Russell, *The Problems of Philosophy*, Oxford 1912, Kap. 1, und George Edward Moore, *Some Main Problems of Philosophy*, London 1953, Kap. II (hierbei handelt es sich um Vorlesungen, die Moore im Winter 1910/1911 gehalten hat); jüngere Arbeiten, in denen die Sinnesdatentheorie vertreten wird, sind etwa Frank Jack-

son, *Perception. A Representative Theory*, Cambridge 1977, und Howard Robinson, *Perception*, London 1994.

136 Moore, *Some Main Problems of Philosophy*, 43.

137 Moore, *Some Main Problems of Philosophy*, 43.

138 Vgl. Moore, *Some Main Problems of Philosophy*, 42f.

139 Alternativ kann sie die öffentlichen Gegenstände phänomenalistisch als Mengen von Sinnesdaten zu begreifen versuchen. Eine jüngere Verteidigung des Phänomenalismus findet sich in John Foster, *The Nature of Perception*, Oxford 2000.

140 Vgl. für eine frühe Formulierung des entsprechenden Einwands gegen die Sinnesdatentheorie Winston H. F. Barnes, »The Myth of Sense-Data«, in: *Proceedings of the Aristotelian Society* 45 (1944/1945), S. 89-117, 94.

141 Russell etwa begreift in Russell, *The Problems of Philosophy*, Kap. 2, den Gedanken, dass es vom wahrnehmenden Subjekt unabhängige materielle Gegenstände gibt, als einen Schluss auf die beste Erklärung.

142 Man kann der Auffassung sein, dass ein Gegenstand deswegen eine unbestimmte Anzahl von Flecken haben kann, weil der Begriff des Flecks vage ist und einige der Verfärbungen auf seiner Oberfläche Grenzfälle darstellen. Aber Sinnesdaten müssten selbst dann noch eine unbestimmte Anzahl von Flecken haben können, wenn jede Verfärbung auf ihrer Oberfläche entweder ein klarer Fall eines Flecks oder ein klarer Fall eines Nicht-Flecks ist.

143 Vgl. Armstrong, *A Materialist Theory of the Mind*, 219ff.

144 Das Phänomen des mentalen Gehalts wird detaillierter oben in Kap. 3 behandelt.

145 Die oben kurz erwähnte Überzeugungstheorie, der zufolge sinnliche Erlebnisse Ereignisse des Erwerbs von Überzeugungen sind, ist eine spezielle Version einer Gehaltstheorie der Wahrnehmung.

146 Gelegentlich werden Theorien dieser Art auch als »Intentionalistische Theorien der Wahrnehmung« bezeichnet (vgl. etwa Tim Crane, »The Problem of Perception«, in: Edward N. Zalta (Hg.), *Stanford Encyclopedia of Philosophy* (Spring 2011 Edition), URL = <http://plato.stanford.edu/archive.spr2011/entries/perception-problem/>

147 Vgl. oben, Kap. 3.1.

148 Vgl. etwa Searle, *Intentionalität*, 39.

149 Mein Wahrnehmungserlebnis könnte auch dann noch eine Sinnestäuschung sein, wenn es von dem braunen Tisch verursacht wurde, aber auf eine ›falsche Weise‹ (etwa durch einen Spiegeltrick). Zur Rolle der Kausalität in der Wahrnehmung vgl. z. B. H. P. Grice, »The Causal Theory of Perception«, in: *Proceedings of the Aristotelian Society* Suppl. Vol. 35 (1961), S. 121-152.

150 Vgl. Searle, *Intentionalität*, Kap. 2, und John McDowell, *Mind and World. With a New Introduction*, Cambridge, Mass. 1996, Lec. III.

151 Vgl. John McDowell, »Avoiding the Myth of the Given«, in: Jakob Lindgaard (Hg.), *John McDowell: Experience, Norm, and Nature*, Oxford 2008.

152 Vgl. Evans, *The Varieties of Reference.*

153 Vgl. dazu oben das Kapitel über phänomenales Bewusstsein, insbesondere den dritten Abschnitt.

154 Diesen Gedanken vertritt etwa John Searle in Searle, *Intentionalität.*

155 Der Grundgedanke des Disjunktivismus findet sich erstmals in J. M. Hinton, *Experiences*, Oxford 1973. Für verschiedene Weisen seiner Ausarbeitung vgl. die Texte von Paul Snowdon, John McDowell und M. G. F. Martin in: Alex Byrne und Heather Logue (Hg.), *Disjunctivism. Contemporary Readings*, Cambridge, Mass. 2009.

156 Vgl. für eine Ausarbeitung dieses Einwands Robinson, *Perception*, Kap. 6.

157 Ich werde die Ausdrücke »materiell« und »physisch« als stilistische Varianten verwenden. Alternativ ist oft von der »physikalischen Welt« die Rede. Statt von »Materialismus« wird entsprechend auch oft von »Physikalismus« gesprochen. Gelegentlich wird dieser Gebrauch des Ausdrucks »physikalisch« mit dem Hinweis moniert, »physikalisch« könnten nur bestimmte Theorien genannt werden. Aber der Ausdruck »physikalische Eigenschaft« sollte als Abkürzung für »Eigenschaft von einer der Arten, wie sie in physikalischen Theorien eine Rolle spielen«, verstanden werden und hat als solcher seinen guten Sinn. (Besonders »physisch« sind die Entitäten, die in physikalischen Theorien heute eine Rolle spielen, oftmals ja nicht gerade.)

158 Vgl. David Papineau, *Thinking about Consciousness*, Oxford 2002, 17, wo das Prinzip als das der »Vollständigkeit« der Physik bezeichnet wird; zur Geschichte dieses Prinzips vgl. ebd., Appendix.

159 Vgl. für eine ausführliche Formulierung dieses »kausalen Arguments« für den Materialismus Papineau, *Thinking about Consciousness*, Kap. 1.
160 Dies ist eine Vereinfachung. Wie wir später sehen werden, lehnt der klassische Funktionalismus die Identifikation von mentalen und materiellen Eigenschaften ab, unterschreibt aber die These, dass sich das Mentale vollständig in nicht-mentalen Begriffen erklären und prognostizieren lässt. Vgl. dazu unten Abs. 3.
161 Der Sinn von »Analyse«, der hier einschlägig ist, hängt eng mit dem Begriff der *Definition* zusammen. Der Anspruch einer Analyse oder analytischen Definition eines sprachlichen Ausdrucks oder eines Begriffs ist, dessen Bedeutung oder Gehalt in einer aufschlussreichen Weise durch den Gebrauch anderer Ausdrücke oder Begriffe anzugeben, die (zumindest partiell) unabhängig von dem zu analysierenden Ausdruck oder Begriff verständlich sind.
162 Vgl. vor allem Rudolf Carnap, »Die physikalische Sprache als Universalsprache der Wissenschaft«, in: *Erkenntnis* 2 (1931), S. 432-465, und Rudolf Carnap, »Psychologie in physikalischer Sprache«, in: *Erkenntnis* 3 (1932/1933), S. 107-142.
163 Vgl. Beckermann, *Analytische Einführung in die Philosophie des Geistes*, 63, der den Titel »semantischer Physikalismus« vorschlägt.
164 Vgl. vor allem John B. Watson, *Behaviorism*, Chicago 1924, auf den sich Carnap ausdrücklich bezieht in Carnap, »Psychologie in physikalischer Sprache«. Der psychologische Behaviorismus wird oft auch als »methodischer« oder »methodologischer Behaviorismus« bezeichnet, da es ihm, wie bereits Carnap klar festhält, nicht um eine Auffassung über das Wesen des Mentalen oder die Bedeutung unserer Rede vom Mentalen geht, sondern um »eine bestimmte Forschungsmethode und bestimmte Begriffsbildungen« (Carnap, »Psychologie in physikalischer Sprache«, 124).
165 Mit Carnaps Formulierung »bezieht jeder psychologische Satz sich auf physikalische Vorgänge am Leib der betreffenden Person(en)« (Carnap, »Psychologie in physikalischer Sprache«, 142).
166 Der systematische Grund, aus dem Carnap und andere Vertreter des logischen Positivismus glaubten, der Physikalismus könne als eine These über das Verhältnis zwischen zwei Sprachen formuliert werden, ist ein anderer. Sie vertraten die These, dass letztlich *alle* Fragen, die sich nicht im Prinzip durch Beobachtung entscheiden lassen, nur die

sprachliche Form unserer Aussagen betreffen. Carnap zufolge ist die Frage, ob Psychisches nicht vielleicht in Wirklichkeit Physisches ist, bloß eine andere (und potenziell irreführende) Weise, die Frage zu stellen, ob sich psychologische Ausdrücke durch physikalische Ausdrücke definieren lassen. Diese letzte Frage drückt Carnap zufolge in »formaler Redeweise« aus, was die erste in »inhaltlicher Redeweise« ausdrückt, wobei Letztere »nur eine bildhafte Umschreibung jener formalen Redeweise ist« (Carnap, »Die physikalische Sprache als Universalsprache der Wissenschaft«, 436).

167 Die physikalische Sprache nannte Carnap daher auch eine »Universalsprache«; vgl. Carnap, »Die physikalische Sprache als Universalsprache der Wissenschaft«, insbes. 442f.

168 Carnap, »Psychologie in physikalischer Sprache«, 137.

169 Für einen Einwand dieser Art – auch gegen schwächere Varianten des analytischen Behaviorismus – vgl. Hilary Putnam, »Brains and Behavior«, in: R. J. Butler (Hg.), *Analytical Philosophy. Second Series*, Oxford 1968, S. 1-19. Putnam resümiert das Ergebnis seiner Diskussion wie folgt: »Pains are responsible for certain kinds of behaviour – but only in the context of our beliefs, desires, ideological attitudes, and so forth. From the statement ›X has a pain‹ by itself no behavioural statement follows – not even a behavioural statement with a ›normally‹ or a ›probably‹ in it« (Putnam, »Brains and Behavior«, 50).

170 Zu dem hier einschlägigen Verständnis von Alltagspsychologie vgl. oben, Kap. 1.2.

171 Erstmals wird die klassische Identitätstheorie dargelegt in U. T. Place, »Is Consciousness a Brain Process?«, in: *British Journal of Psychology* 47 (1956), S. 44-50, dt. als »Ist Bewusstsein ein Hirnvorgang?« in: Th. Metzinger (Hg.): *Grundkurs Philosophie des Geistes. Band 2: Das Leib-Seele-Problem*, Paderborn 2007, 94-104, in J. J. C. Smart, »Sensations and Brain Processes«, in: *Philosophical Review* 68 (1959), S. 148-156, dt. als »Empfindungen und Vorgänge im Gehirn«, in Th. Metzinger (Hg.): *Grundkurs Philosophie des Geistes. Band 2: Das Leib-Seele-Problem*, Paderborn 2007, 110-125, wird sie erläutert und gegen Einwände verteidigt.

172 Eine Darstellung und Kritik neuerer identitätstheoretischer Ansätze findet sich in Kim, *Physicalism, or Something Near Enough*, Kap. 5.

173 Vgl. die Titel der beiden Gründungsdokumente der klassischen Identitätstheorie.

174 Vgl. oben, Kap. 2.3.

175 Smart, »Sensations and Brain Processes«, 115 f. Smart selbst scheint der Meinung zu sein, dass diese Beschreibung des Verhältnisses der beiden Eigenschaften, ein Blitz zu sein und eine elektrische Entladung einer bestimmten Art zu sein, mit der Behauptung verträglich ist, dass Blitze bloß »de facto« und »nicht notwendig« elektrische Entladungen einer bestimmten Art sind, wie er sagt. Das hängt damit zusammen, dass die einzige Art von strikter Notwendigkeit, die Smart anerkennt, die logische oder begriffliche Notwendigkeit ist, die eng mit Übersetzbarkeit zusammenhängt und die Erfahrungsunabhängigkeit entsprechenden Wissens impliziert. Doch die Rede von einer »wahren Natur« von Blitzen scheint nun einmal zu implizieren, dass Blitze *in einem strikten Sinn nichts anderes sein können* als elektrische Entladungen einer bestimmten Art. Seit den bahnbrechenden Überlegungen von Saul Kripke (vgl. Kripke, *Naming and Necessity*) hat es sich eingebürgert, die Modalität, die hier zum Ausdruck kommt, als »metaphysische Notwendigkeit« zu bezeichnen. Dass eine Wahrheit in diesem Sinn notwendig ist, wird seit Kripke für damit vereinbar gehalten, dass ein entsprechendes Wissen durch Erfahrung gerechtfertigt werden muss und also ein Wissen *a posteriori* darstellt.

176 Der klassische Text, in dem dieses Problem aufgeworfen wird, ist Hilary Putnam, »Psychological Predicates«, in: W. H. Captain und D. D. Merill (Hg.), *Art, Mind and Religion*, Pittsburgh 1967, dt. als »Die Natur mentaler Zustände« in: Th. Metzinger (Hg.): *Grundkurs Philosophie des Geistes. Band 2: Das Leib-Seele-Problem*, Paderborn 2007, 372-385.

177 Gelegentlich wird auch der Titel »Maschinenfunktionalismus« gewählt, da die Zustände einer Turing-Maschine für den klassischen Funktionalismus das Paradigma funktionaler Zustände darstellen.

178 Vgl. vor allem Hilary Putnam, »The Mental Life of Some Machines«, in: Hector-Neri Castañeda (Hg.), *Intentionality, Minds, and Perception*, Detroit 1967, S. 177-200, Putnam, »Psychological Predicates«, und Jerry A. Fodor, *Psychological Explanations*, New York 1968. Putnam hat sich später zu einem der schärfsten Kritiker des Funktiona-

lismus entwickelt: vgl. Hilary Putnam, *Representation and Reality*, Cambridge, Mass. 1988, Kap. 5 und 6.

179 Wir haben andere Begriffe der Funktion: Die (biologische) Funktion eines Merkmals eines Organismus etwa geht wahrscheinlich ebenso wenig in seiner kausalen Rolle auf wie die (teleologische) Funktion eines Artefakts.

180 Putnam, »Psychological Predicates«, 383.

181 Das war den klassischen Funktionalisten bewusst. Putnam etwa erkennt ausdrücklich an, dass »die Hypothese funktionaler Zustände mit dem Dualismus *nicht* inkompatibel [ist]« (Putnam, »Psychological Predicates«, 380).

182 Vgl. unten, Kap. 8.1.

183 Vgl. unten, Kap. 8.3.

184 Ihre Urheber haben sie zunächst meist als eine Version der *Identitätstheorie* begriffen (vgl. bereits den Titel von David K. Lewis, »An Argument for the Identity Theory«, in: *Journal of Philosophy* 63 (1966), S. 17-25; dt. als »Eine Argumentation für die Identitätstheorie, in: Metzinger (Hg.), *Grundkurs Philosophie des Geistes. Band 2: Das Leib-Seele-Problem*, S. 169-180), gelegentlich wurde später auch ein eigener Name wie »kausale Theorie des Mentalen« vorgeschlagen (vgl. David M. Armstrong, »The Causal Theory of the Mind«, in: *Neue Hefte für Philosophie* 11 (1977), S. 82-95), aber heute scheint sich die Meinung durchgesetzt zu haben, dass man diese Auffassung am besten als eine Version des Funktionalismus klassifiziert. Jüngere Vertreter einer Version des analytischen Funktionalismus (zumindest mit Bezug auf Gedanken in dem oben in Kap. 3.1 eingeführten Sinn) sind David Chalmers (vgl. etwa David Chalmers, *The Conscious Mind*, Oxford 1996) und Jaegwon Kim (vgl. Kim, *Physicalism, or Something Near Enough*).

185 Vgl. Lewis, »An Argument for the Identity Theory«, 173.

186 Zum Verhältnis zwischen analytischem Funktionalismus und Behaviorismus vgl. Lewis, »An Argument for the Identity Theory«, 174 ff., und Armstrong, *A Materialist Theory of the Mind*, 82 ff.

187 Lewis hat argumentiert, dass sich die entsprechenden Analysen oder Definitionen als ein Spezialfall der Definition theoretischer Terme in den Wissenschaften verstehen lassen, und eine formale Darstellung dieser Art von Definition entwickelt. Vgl. für Lewis' Auffassung der Definition theoretischer Terme David K. Lewis, »How to Define Theo-

retical Terms«, in: *Journal of Philosophy* 67 (1970), S. 427-446, und für die Anwendung auf den Fall mentaler Ausdrücke David K. Lewis, »Psychophysical and Theoretical Identifications«, in: *Australasian Journal of Philosophy* 50 (1972), S. 249-258. Diese Argumentation impliziert, unsere Alltagsüberzeugungen über die Ursachen und Wirkungen mentaler Ereignisse als eine Theorie zu begreifen, die Lewis als »Alltagspsychologie« bezeichnet. Dies ist nicht der Sinn von »Alltagspsychologie«, den ich in dieser Einführung gelegentlich in Anspruch nehme (vgl. zu den Unterschieden oben, Kap. 1.2).

188 Vgl. zu diesem Vorschlag David K. Lewis, »Reduction of Mind«, in: Samuel Guttenplan (Hg.), *A Companion to the Philosophy of Mind*, Oxford 1994, S. 412-431.

189 Vgl. Lewis, »Reduction of Mind«, 420.

190 Donald Davidson, »Mental Events«, in: L. Foster and J. Swanson (Hg.), *Experience and Theory*, Amherst, Mass. 1970, S. 79-101, dt. als »Geistige Ereignisse«, in: *Handlung und Ereignis*, Frankfurt/M. 1985, S. 291-317, 313.

191 Vgl. für diese Überlegung Davidson, »Mental Events«, 311 (Übersetzung leicht abgeändert): »Man kann einer Person nicht eine Überzeugung nach der anderen zuschreiben, indem man sich auf ihr Sprachverhalten, ihre Entscheidungen oder sonstige vereinzelte Anzeichen stützt [...], denn einzelnen Überzeugungen legen wir nur insofern einen Sinn bei, als sie in einem kohärenten Zusammenhang stehen mit anderen Überzeugungen, Vorlieben, Absichten, Hoffnungen, Erwartungen und all den übrigen. Das liegt [...] daran, daß [...] der Gehalt einer propositionalen Einstellung [auf] ihrer Stellung im Rahmen des Musters [beruht].« Der letzte Satz des Zitats vollzieht den Schritt von einer These über die Verfasstheit unserer Interpretationspraxis zu einer These über die Verfasstheit (des Gehalts) von Gedanken.

192 Nagel, »What Is It Like to Be a Bat?«, 262.

193 Der Begriff des Subjekts soll hier vor allem hervorheben, dass sich etwas von der entsprechenden Art bereits »mit einem selbst ereignet« haben muss oder dass man selbst bereits »Träger« von Ereignissen der entsprechenden Art gewesen sein muss.

194 Vgl. für das Folgende Frank Jackson, »Epiphenomenal Qualia«, in: *Philosophical Quarterly* 32 (1982), S. 127-136, und insbesondere Frank Jackson, »What Mary Didn't Know«, in: *Journal of Philosophy* 83 (1986),

S. 291-295. Jackson selbst vertritt inzwischen einen reduktiven Materialismus und hält das Wissens-Argument nicht mehr für schlüssig (vgl. Frank Jackson, »The Knowledge Argument, Diaphanousness, Representationalism«, in: Torin Alter und Sven Walter (Hg.), *Phenomenal Concepts and Phenomenal Knowledge. New Essays on Consciousness and Physicalism*, Oxford 2006, S. 52-64).

195 Nagels und Jacksons Argumente sind verwandt mit James Levines Argument der »Erklärungslücke« (»explanatory gap«), dem zufolge der reduktive Materialsimus daran scheitert, dass wir in funktionalen oder physikalischen Begriffen den qualitativen Charakter von Erlebnissen nicht *erklären* können (vgl. Levine, »Materialism and Qualia: The Explanatory Gap«).

196 Dies ist der Grundgedanke einer der gängigen Reaktionen auf das Wissens-Argument. Vgl. etwa Papineau, *Thinking about Consciousness*, Kap. 2. Zu verschiedenen Aspekten phänomenaler Begriffe und phänomenalen Wissens vgl. die Texte in Alter und Walter (Hg.), *Phenomenal Concepts and Phenomenal Knowledge. New Essays on Consciousness and Physicalism.*

197 Nagel, »What Is It Like to Be a Bat?«, 269.

198 Der klassische Funktionalismus ist dann, wie bereits gesagt, streng genommen kein reduktiver Materialismus. Tatsächlich sitzt er, was das Problem der mentalen Verursachung betrifft, das im nächsten Abschnitt diskutiert wird, mit dem nicht-reduktiven Materialismus in einem Boot.

199 Insofern dem nicht-reduktiven Materialismus zufolge alles Mentale etwas Physisches ist, und also nur eine Art von konkreten Einzeldingen existiert, das Mentale *als* Mentales aber nicht unter Gesetze fällt, wird diese Auffassung auch als »anomaler Monismus« (von griech. *nomos* = Gesetz) bezeichnet.

200 Diese Formulierung erfasst nur eine mögliche Art von Supervenienz-Beziehung, wie sie für Fragen des Verhältnisses von Körper und Geist von Interesse sein kann. Für eine Unterscheidung verschiedener Arten der Supervenienz vgl. Brian P. McLaughlin, »Varieties of Supervenience«, in: Elias E. Savellos und Ümit D. Yalçin (Hg.), *Supervenience. New Essays*, Cambridge 1995, S. 16-59.

201 Dies wird oft als das »Prinzip der kausalen Geschlossenheit« der materiellen Welt bezeichnet. Vgl. dazu auch oben Anm. 158.

202 Diese Art von Argument ist in der Literatur unter dem Titel »Ausschluss-Argument« (»exclusion argument«) bekannt. Vgl. für eine ausführlichere Formulierung dieser Version des Ausschluss-Arguments Papineau, *Thinking about Consciousness*, Kap. 1. Für eine andere, aber eng verwandte Formulierung unter dem Titel »Supervenienz-Argument« vgl. Kim, *Physicalism, or Something Near Enough*, Kap. 2.

203 Für eine entsprechende Überlegung, die ohne Bezug auf das Prinzip der kausalen Geschlossenheit auskommt, indem sie sich auf einen einzelnen Fall mentaler Verursachung beschränkt, für den eine hinreichende physische Ursache bekannt ist, vgl. Kim, *Physicalism, or Something Near Enough*, 155.

204 So behauptet etwa Davidson, dass dem »Ausschluss-Argument« eine Verwechslung von Kausalität und Kausal*erklärung* zugrunde liegt. Ereignisse würden andere Ereignisse nicht »kraft« irgendwelcher ihrer Eigenschaften verursachen, sondern schlicht als die *einzelnen* Ereignisse, die sie sind. Eigenschaften von Ursachen und Wirkungen kämen erst dann ins Spiel, wenn bestimmte Arten der *Erklärung* von Ereignissen gefragt sind; vgl. Donald Davidson, »Thinking Causes«, in: John Heil und Alfred R. Mele (Hg.), *Mental Causation*, Oxford 1993.

205 Als Gründungsdokumente des eliminativen Materialismus gelten Paul K. Feyerabend, »Mental Events and the Brain«, in: *Journal of Philosophy* 60 (1963), S. 295-296, und Richard Rorty, »Mind-Body Identity, Privacy, and Categories«, in: *Review of Metaphysics* 19 (1965), S. 24-54. Wichtige Überlegungen zugunsten des eliminativen Materialismus jüngeren Datums finden sich in Paul M. Churchland, »Eliminative Materialism and the Propositional Attitudes«, in: *Journal of Philosophy* 78 (1981), S. 67-90, Patricia S. Churchland, *Neurophilosophy. Toward a Unified Science of the Mind/Brain*, Cambridge, Mass. 1986, und Stephen P. Stich, *From Folk Psychology to Cognitive Science. The Case Against Belief*, Cambridge, Mass. 1983.

Ausgewählte Literatur

Die folgende Liste enthält Texte der jüngeren Philosophie des Geistes, die für einen tieferen Einstieg in einzelne Problembereiche oder die Philosophie des Geistes insgesamt geeignet sind.

David M. Armstrong, *A Materialist Theory of Mind*, London 1968 (Eine klassische Verteidigung des reduktiven Materialismus, die viele der zentralen Fragen der Philosophie des Geistes auf eine klare und kluge Weise behandelt).

Ansgar Beckermann, *Analytische Einführung in die Philosophie des Geistes*, 3. Aufl., Berlin 2008 (Eine ausgezeichnete deutschsprachige Einführung in die Philosophie des Geistes, die das Verhältnis von Körper und Geist in den Mittelpunkt stellt und umfassend behandelt).

Maxwell Bennett, Daniel C. Dennett, Peter Hacker und John R. Searle, *Neurowissenchaft und Philosophie. Gehirn, Geist Sprache*, Frankfurt/M. 2010 (Eine spannende philosophische Debatte um die Grundlagen der Neurowissenschaft).

Brian McLaughlin, Ansgar Beckermann und Sven Walter (Hg.), *The Oxford Handbook of Philosophy of Mind*, Oxford 2009 (Eine ausgezeichnete Sammlung einführender Artikel zu vielen Themen der Philosophie des Geistes von führenden Expertinnen und Experten des jeweiligen Gebiets).

Donald Davidson, »Mental Events«, in: L. Foster und J. Swanson (Hg.), *Experience and Theory*, Amherst, Mass. 1970, S. 79-101, dt. als »Geistige Ereignisse«, in: *Handlung und Ereignis*, Frankfurt/M. 1985, S. 291-317 (Die klassische Formulierung des anomalen Monismus, die zu zeigen beansprucht, wie sich die Autonomie des Mentalen mit einem vernünftigen Materialismus vereinbaren lässt).

Daniel C. Dennett, *Consciousness Explained*, Boston, Mass. 1991 (Dennett verbindet Einsichten aus der Psychologie, Neurowissenschaft, KI-Forschung und der Philosophie, um eine originelle naturalistische Theorie des Bewusstseins zu skizzieren und gegen philosophische Einwände zu verteidigen).

Jerry Fodor, *Psychosemantics. The Problem of Meaning in the Philosophy of Mind*, Cambridge, Mass. 1987 (Fodors Darlegung und Verteidigung einer naturalistischen, auf den Begriff der Kausalität gestützten Theorie mentaler Repräsentation mit einer Verteidigung des Gedankens einer Sprache des Geistes im Anhang).

Samuel L. Guttenplan (Hg.), *A Companion to the Philosophy of Mind*, Oxford 1994 (Das – leider bereits etwas in die Jahre gekommene – beste gedruckte Lexikon zu Grundbegriffen der Philosophie des Geistes, für das so herausragende Autoren wie Donald Davidson, Daniel Dennett oder David Lewis gewonnen werden konnten).

Jaegwon Kim, *Philosophy of Mind*, 3. Aufl., Boulder 2000 (Eine zugängliche, aber dennoch argumentativ und begrifflich ausgefeilte Einleitung in Grundfragen der Philosophie des Geistes, die das Verhältnis von Körper und Geist in den Mittelpunkt stellt).

Jaegwon Kim, *Physicalism, or Something Near Enough*, Princeton 2005 (Eine aktuelle Verteidigung des reduktiven Materialismus von einem seiner bedeutendsten Vertreter, die eingesteht, das Problem des phänomenalen Bewusstseins nicht in den Griff zu bekommen).

E. J. Lowe, *An Introduction to the Philosophy of Mind*, Cambridge 2004 (Eine Einführung in die Philosophie des Geistes, die auch in Einführungen sonst oft vernachlässigte Themen wie Wahrnehmung, Handeln, personale Identität und Selbst-Wissen behandelt).

Thomas Metzinger (Hg.), *Grundkurs Philosophie des Geistes*, 3 Bde., Paderborn: 2006 ff. (Eine ausführliche Sammlung vieler wichtiger Primärtexte der Philosophie des Geistes in deutscher Übersetzung mit kurzen inhaltlichen Kommentaren).

Ruth Garrett Millikan, *Language, Thought, and Other Biological Categories*, Cambridge, Mass. 1984 (Die für Anfänger leider schwer zu verstehende Ausarbeitung des Grundgedankens, dass sich Denken und Sprache durch den Begriff der biologischen Funktion erklären lassen).

Thomas Nagel, »What Is It Like to Be a Bat?«, in: *Philosophical Review* 83 (1974), S. 435-450, dt. als »Wie ist es, eine Fledermaus zu sein?«, in: P.

Bieri (Hg.), *Analytische Philosophie des Geistes*, Frankfurt/M. (Der klassische Aufsatz, der die bis heute gültige Kritik an reduktiven Formen des Materialismus in der Philosophie des Geistes mit Bezug auf die Subjektivität des Erlebens begründet).

Gilbert Ryle, *The Concept of Mind*, London 1949, dt. als *Der Begriff des Geistes*, Stuttgart 1986 (Eine klassische Kritik der traditionellen philosophischen Konzeption des Geistes im Namen einer verhaltensorientierten Auffassung des Mentalen).

John R. Searle, *Intentionality. An Essay in the Philosophy of Mind*, Cambridge, Mass. 1983, dt. als *Intentionalität. Eine Abhandlung zur Philosophie des Geistes*, Frankfurt/M. 1987 (Eine umfassende Untersuchung der Rolle des mentalen Gehalts für ein Verständnis mentaler Phänomene wie Wahrnehmung und Handeln und des Verhältnisses von Geist und Sprache).

John R. Searle, *The Rediscovery of the Mind*, Cambridge, Mass. 1992, dt. als *Die Wiederentdeckung des Geistes*, Frankfurt/M. 1996 (Eine grundlegende Kritik [des Materialismus in] der jüngeren Philosophie des Geistes, die den Begriff des Bewusstseins ins Zentrum eines Verständnisses des Mentalen rückt).

Charles P. Siewert, *The Significance of Consciousness*, Princeton 1998 (Die umfassendste Darstellung, Erläuterung und Verteidigung des phänomenalen Bewusstseins).

Michael Tye, *Ten Problems of Consciousness. A Representational Theory of the Phenomenal Mind*, Cambridge, Mass. 1995 (Einer der einflussreichsten Versuche, Bewusstsein durch mentalen Gehalt zu erklären).

Ludwig Wittgenstein, *Philosophische Untersuchungen*, in: ders., *Werkausgabe*, Bd. 1, Frankfurt/M. 1984 (Wittgensteins spätes Hauptwerk enthält eine Vielzahl von Einsichten zu verschiedenen Problemen der Philosophie des Geistes wie etwa der Frage der Privatheit von Empfindungen und dem Zusammenhang von Mentalem und beobachtbarem Verhalten).

Sach- und Personenregister

Jasper Liptow ist Privatdozent für Philosophie an der Goethe-Universität Frankfurt am Main. Während der Arbeit an dieser Einführung vertrat er die Professur für Theoretische Philosophie an der Universität Basel, im Wintersemester 2013/14 ist er Gastprofessor für Theoretische Philosophie an der Universität Wien. Er studierte Philosophie, Linguistik und Physik an der Universität Hamburg. Promotion 2001 an der Justus-Liebig-Universität Gießen, Habilitation 2010 an der Goethe-Universität Frankfurt am Main. Monografien: *Regel und Interpretation. Eine Untersuchung zur sozialen Struktur sprachlicher Praxis*, Weilerswist 2004; *In der Welt der Sprache. Konsequenzen des semantischen Holismus*, Frankfurt/M. 2008 (mit Georg Bertram, David Lauer und Martin Seel). Als Herausgeber: *Holismus in der Philosophie*, Weilerswist 2002 (mit Georg Bertram); *Die Artikulation der Welt*, Frankfurt/M. 2006 (mit Georg Bertram, David Lauer und Martin Seel); *Die Gegenwart des Pragmatismus*, Berlin 2013 (mit Martin Hartmann und Marcus Willaschek) und *Kunst und Erfahrung. Beiträge zu einer philosophischen Kontroverse*, Berlin 2013 (mit Martin Seel und Stefan Deines).